¿ME ENAMORÉ
O SÓLO ENFERMÉ DE
SOLEDAD

Dedico este libro a:
Luis Alonso, Juan Pablo
y Ana Sofía, mis hijos.

¿ME ENAMORÉ?
O SÓLO ENFERMÉ DE
SOLEDAD

Adriana García Espinoza

EDITORIAL
TRILLAS

México, Argentina, España,
Colombia, Puerto Rico, Venezuela

Catalogación en la fuente

García Espinoza, Adriana
    ¿Me enamoré? o sólo enfermé de soledad. --
México : Trillas, 2014.
        140 p. il. ; 23 cm. -- (Escritores libres)
        ISBN 978-607-17-1818-1

        1. Amor. 2. Conducta de vida. 3. Noviazgo.
I. t. II. Ser.

    D- 646.77'G532m   LC- HQ801.A5'G3.5

División Administrativa,
Av. Río Churubusco 385,
Col. Gral. Pedro María Anaya,
C. P. 03340, México, D. F.
Tel. 56884233, FAX 56041364
churubusco@trillas.mx

División Logística,
Calzada de la Viga 1132,
C. P. 09439, México, D. F.
Tel. 56330995, FAX 56330870
laviga@trillas.mx

Ⓦ **Tienda en línea**
www.etrillas.mx

Miembro de la Cámara Nacional de
la Industria Editorial
Reg. núm. 158

Segunda edición
ISBN 978-607-9031-01-5

Tercera edición, enero 2014
(Primera publicada por Trillas, S. A. de C. V.)
ISBN 978-607-17-1818-1

Impreso en México
Printed in Mexico

*La soledad te hace recordar lo fuerte
y débil que eres, el color de tus sueños,
la belleza en tus recuerdos, lo intenso
cuando lloras, lo hermosa que es
la paz y la misericordia de Dios.*

Presentación

El ensayo como tal es una creación del pensamiento reflexivo. Surge de una intuición y se alimenta del ejercicio audaz de las ideas. Se apoya y sostiene en hipótesis personales que demandan una aplicada vocación argumentativa del escritor o, en este caso, de la escritora. El ensayo tiene su mayor virtud en la originalidad de la que es capaz de experimentar el ensayista, quien siempre establecerá los límites conceptuales precisos, para no caer en un evidente dilentantismo o bien en una exposición abstrusa que haga ininteligible el texto en cuestión. Entonces diremos que un ensayo es el perfecto equilibrio entre Apolo y Dionisio o entre razón y pasión. Un ensayo naufraga cuando el lector siente que no puede gobernar la lectura, entonces en silencio se retira del libro y es probable que ya no regrese. Miguel de Mountaigne, Emerson, Thoreau, Alfonso Reyes, Benedetto Croce, José Ingenieros, George Steiner, Don Antonio Alatorre, entre otros, dominan perfectamente este género, saben de sus riesgos y desafíos. Porque el ensayo permite el error nimio o el descuido en el estilo, pero lo que sí no admite es la ingenuidad ni la deliberada dejadez verbal. Por ello siempre es fundamental adquirir un tono narrativo y una habilidad de supremo equilibrista para nadar en aguas intermedias: ni tan profundo como para perder el rastro de las ideas, ni tan superficial donde extraviemos el encanto de la dificultad estimulante, de la que con belleza barroca nos habla el maestro Lezama Lima en

7

La expresión americana. Teniendo estos antecedentes, Adriana García Espinoza, emprende una aventura intelectual y nos ofrece el libro *¿Me enamoré? O sólo enfermé de soledad*, cuyo título antagónico ya en sí, abre una serie de cuestiones sobre dos grandes estados de ánimo del ser humano como son el amor y la soledad. La orientación temática del libro no desdice la naturaleza de los propósitos de la autora, quien desde un principio anuncia de manera implícita que el libro se inscribe en los temas actuales de desarrollo humano donde la terapia familiar, la logoterapia de Victor Frankl, la inteligencia emocional de Daniel Goleman, la teoría del arte de amar de Erich Fromm juegan un papel central para tejer una multitud de temas donde se privilegian sí los argumentos, sí la teoría, pero sin dejar fuera el testimonio vivo de las personas, que es lo que convierte al libro en un texto experencial, capaz de confrontar lo que ocurre en la intersubjetividad de los individuos y la realidad que condiciona los actos de la vida pública y privada. En una primera parte el texto establece los puntos de reflexión en torno a la soledad y al amor. Interesante sobre todo hoy en día, cuando la vida hipermoderna y vertiginosa del mundo urbano nos ha convertido en islas impenetrables, egoístas, frías, relativistas e indiferentes. Pero el problema no es la soledad en sí, afirma la autora, sino lo más terrible y angustiante es la imposibilidad de saber vivir y dialogar con nosotros mismos. Se está solo porque no estamos en ninguna parte, porque no nos reconocemos en nuestro fuero interno, porque las reservas de nuestro amor propio están disminuidas. Es entonces que la soledad adquiere un matiz trágico y lo que queremos resolver con la presencia del otro y nos amarramos a la tabla del naufragio, única presencia que nos salva de la muerte; tan apegados estamos a la persona que la hacemos sufrir o ella nos hace sufrir. La soledad discreta, dialogante, compasiva, tolerante, afirmatva, busca al otro o a la otra no para descansar del pesado fardo de frustraciones sino para inaugurar y complementar un diálogo vital cargado de energía creadora y sentido orgánico. Es decir, el encuentro de dos, sean esposa y esposo, padre e hijo, madre e hija, debe fundarse en la confianza, en la libertad y no en condicionamientos nulificadores que vengan a terminar con los lazos construidos con empeño amoroso.

Más adelante, la autora, para sostener la relación entre la soledad y el amor, recupera en un apartado que ella tituló "Cronicas desesperadas", las historias de vida que le permiten darle objetividad a su escrito y a su hipótesis; de esta manera resulta interesante adentrarnos en las áreas íntimas del ser donde se resuelven o hacen crisis los problemas que tiene sobre todo con las interpretaciones acerca de los otros. Así, ella nos muestra pequeños retazos de historia de la infidelidad sea hombre o mujer quien la provoque; de la violencia intrafamiliar donde nadie gana y todos pierden, del vacío afectivo de las mujeres solas que buscan domadores de sus emociones, de la felicidad atemorizada por la fragilidad de las pasiones. Es un mapa sociológico, psicológico y antropológico del comportamiento humano. Es la evidencia de la insatisfacción humana que ya aprendió a vivir la felicidad a partir de la neurosis. Felicidad condicionada que siempre termina en infiernos interiores.

¿Me enamoré? O sólo enfermé de soledad, es un libro para leer antes de que nos golpeen las circunstancias, de que lleguen los avisos infaustos del abandono, de la indiferencia e incluso de la ruptura y el odio. Leer este libro es un ejercicio de salud mental y espiritual. Acaso con él podamos distinguir cuál es el estado que guarda con tanta discreción nuestra vida interna. Adriana García Espinoza no se equivocó al expresar que la mejor manera de encontrar el amor es jamás sentirse solo.

JOSÉ EVERARDO RAMÍREZ PUENTES
Escritor

Índice

Presentación   7

1 Tu encuentro   15
   Verse en el propio espejo   18

2 Aprendiendo a no callar   23
   ¿Calla cuando ama?   28

3 Soledad   35
   ¿Por qué la soledad se percibe como un vacío?   35
   ¿Cómo entender la soledad?   37
   ¿Cómo enfrentar la soledad?   38

4 Cuando la soledad enferma   43

5 Cuando busca el amor empujado por la soledad   49

6 Amores erróneos
elegidos en la soledad 55

¿Con cuál se identifica usted? 55

7 Etapas de las relaciones
que fracasan 69

¿Cómo superar esas etapas y sanar,
para no volver a fracasar? 74

8 Para vivir en pareja
aprenda a vivir solo 79

Si aprende a vivir solo, le resultará
más fácil vivir en pareja 83

9 Confundiendo
el amor 87

Presiones autoimpuestas para elegir el amor 89
El amor puede confundirse con 90

10 Prepárese
para el amor 97

Haga un recuento de su vida amorosa 98
Ubique triunfos 99
Ubique derrotas 99
Limpie su interior y empiece de cero 100

11 Cómo distinguir
al amor verdadero 107

El tiempo transforma al amor 108
El amor ideal 109

Crónicas
desesperadas 111

Tienes sueños ocultos, diferentes a los
que contaste, parecen inalcanzables
y egoístas, te reclaman todos los días;
pero mejor los escondes en la rutina,
en la escasez, en la prisa diaria
y en la cobardía de tus dudas.
Algún día irás por ellos... ¡Cuando te
encuentres contigo mismo, otra vez!

1 *Tu encuentro*

Los seres humanos tenemos diferentes necesidades, que cuando son cubiertas, permiten la subsistencia, desarrollo y equilibrio perfecto entre el esquema físico y el mental, provocando de una manera casi mágica que llegue el bienestar a nuestra vida, que nos sintamos satisfechos con nuestra forma de actuar y pensar: nos convertimos en personas congruentes y aptas para ser felices.

Pero no todos estamos en esas condiciones de plenitud, porque hemos descuidado aspectos que desequilibran nuestro ser, particularmente nuestra vida interior, provocándonos sentimientos adversos como enojo, infelicidad, insatisfacción, incredulidad, falta de pasión y entrega a nuestra propia existencia.

Aprendemos a vivir con estos sentimientos y los trasladamos a la realidad cotidiana. Se revelan y surgen fácilmente en las conductas, hábitos y modos de vivir que tenemos, sin darnos cuenta de que nuestro interior se encuentra dañado por creencias erróneas, prejuicios y comportamientos aprendidos que nos llevan a la infelicidad y al fracaso emocional.

Cuando el daño crece y permanece en el alma, nuestro yo interno siempre nos avisa que algo anda mal con nosotros mismos, que existen sentimientos que nos confunden y que debemos solucionar; sin embargo, son pocas las personas que escuchan y hacen caso a su voz interior para aprender a solucionar sus conflictos. La gran mayoría deja pasar las alertas interiores que nos avisan que algo debemos revisar y, en su caso, corregir en nuestras propias emociones.

Quienes oyen su voz interior son personas física y mentalmente sanas, asertivas en el manejo de emociones y con relaciones íntimas, satisfactorias y felices.

Quienes no escuchan su propia voz interior son personas física y emocionalmente enfermas, erróneas en el manejo de emociones, con relaciones íntimas insatisfactorias y con actitudes repetitivas que los llevan a un círculo dañino del cual no saben cómo salir.

Aprender a manejar las emociones satisfactoriamente no es un proceso sencillo, no existe alguna fórmula mágica para lograrlo. Decirlo sería pretencioso e irrealista, porque todos tenemos una vida interior diferente a la de los demás, conformada por experiencias y vivencias muy particulares, que nos llevan a ser extraordinariamente únicos.

Sin embargo, pese a nuestras diferencias, los seres humanos tenemos comportamientos y actitudes similares cuando nos enfrentamos ante algún conflicto emocional que nos desestabiliza y no sabemos cómo manejarlo. Uno de esos aspectos es la confusión: cuando nuestro interior se ha descontrolado y no sabemos la solución.

Cómo saber si su interior está confundido:

☞ No entiende qué pasa con sus sentimientos.
☞ No sabe si lo que siente es correcto o no y por eso se siente diferente a los demás.
☞ Cree que el sentirse confuso lo pone en desventaja y se siente torpe.
☞ Su confusión es grande y le provoca miedo.
☞ Toma decisiones sin analizar un conflicto, lo que hace que se equivoque y se sienta inseguro.
☞ Teme entender y enfrentar las razones de su confusión y prefiere evadirlas.

Cuando esto ocurre, su propia confusión lo lleva a relacionarse de forma equivocada con los demás, a empeñarse en sostener relaciones amorosas infelices, a elegir equivocadamente a una pareja sentimental o simplemente a no saber qué hacer con su vida. Entonces, busca "alternativas" o "paliativos" que engañen o apaguen en apariencia su dolor. Pretende esconder sus necesidades internas en lugar de afrontarlas.

Le voy a poner ejemplos reales:

> Creo que mi elección de pareja no fue la adecuada, percibo diferencias entre mi mujer y yo que no hemos podido superar, por eso procuro no estar en casa, y la forma de sentirme un poco mejor es distraerme con mi trabajo. Pienso que el tiempo resolverá las cosas, no quiero precipitarme a tomar una decisión porque temo equivocarme.

> Cuando me siento triste, mejor me voy de fiesta, me rodeo de gente que sé que me quiere y a quien yo creo que le hago falta. Eso hace que me olvide de mis verdaderos sentimientos, de los problemas que tengo y que no sé cómo resolver.

Éstas fueron dos opiniones diferentes que corresponden a un hombre y una mujer, respectivamente, acerca de sus sentimientos y de la forma en la que ellos han actuado ante algún conflicto emocional. Si usted lo percibe, en ambos casos se ha utilizado la evasión para enfrentar un problema.

Las elegí para la realización de este libro porque, increíblemente, sus opiniones se parecen a muchas otras de personas con intereses, expectativas de vida y personalidades visiblemente diferentes. Es decir, la evasión es una práctica común y recurrente en quienes atraviesan por alguna dificultad interior y no saben cómo enfrentarla.

En las siguientes líneas detallo las causas más comunes que encontré, en quienes prefieren evadir un problema emocional antes de buscar resolverlo.

¿Por qué le desestabilizan los problemas y evade sus conflictos?

- ☞ Tiene una autoestima dañada que le hace dudar acerca de quién es usted y lo que quiere.
- ☞ Le falta un proyecto de vida definido. No hace planes ni a corto ni a largo plazo que permitan la realización de sus metas y sueños.
- ☞ Tiene prejuicios morales, sociales y religiosos que le hacen creer que como hombre o mujer tiene un valor específico, que lo obligan a ser y a comportarse como los demás le dicen que debe hacerlo.

☞ Acostumbra callar, anula sus sentimientos y necesidades.
☞ Tiene miedo de sus propias emociones.

¿Por qué prefiere estas conductas?

Sencillamente porque no confía en su propia luz. Teme hacerle caso a su voz interior. No le gusta creer en usted mismo y tampoco tomar decisiones. La duda es tan grande que cree que si hace algo, posiblemente las cosas empeoren. Lo arrastra el prejuicio de tener que hacer siempre lo que cree "correcto", dándole mayor importancia a la aceptación de los demás que a sus propios sentimientos y deseos.

Esto lo pone en una disyuntiva siempre: entre la culpa y el querer hacer lo que necesita para ser feliz y no se atreve a realizarlo, porque está respondiendo a sus miedos, a expectativas sociales y esto lo lleva a asumir suposiciones que existen sólo en su mente, responde a sus creencias, que han sido impuestas. Y todo eso le está causando daño.

Para algunos, escucharse a sí mismos significa tener intuición… Otros le llaman ¡simple sentido común!

VERSE EN EL PROPIO ESPEJO

Un aspecto fundamental para aprender a resolver sus propios conflictos de manera eficaz sin que se sienta temeroso de hacerlo es a través del autoconocimiento; esto logrará que usted decida asertivamente, porque en la medida que sepa lo que quiere, lo que espera y cómo lograrlo, el camino será más corto y más fructífero.

¿Cómo puede conocerse mejor?

Si tan sólo tratara de atender lo que su misma naturaleza le pide, se sorprendería: vería con claridad quién es, la dimensión de sus sueños, de sus anhelos, de sus grandes pasiones, y además sabría con certeza el motivo por lo que usted ha sido creado en este mundo.
Una de las técnicas más sencillas para lograrlo es la simple reflexión.

Regale unos minutos a su interior: busque la paz a través de las actividades que más le proporcionan bienestar y dicha. Hágalo en plena disposición para recibir algo extraordinario: busque en su propia energía... reflexione y pregúntese cómo resolver sus dudas, sus problemas; ubique lo que le estorba para ser feliz, qué es lo que le impide expresarse y cuáles son las razones por las que no se siente en plenitud.

Hágalo sin temor y sin angustia. Olvídese por un momento de lo que ha aprendido durante años porque eso le causa ataduras emocionales que le impiden ver con claridad. Trate de dejar fuera de su pensamiento cualquier presión que se haya impuesto y también las que ha encontrado en el exterior durante su vida.

Busque dentro de sí. Póngase en contacto con usted mismo, en mente y corazón.

Si se atreve a encontrar un mundo desconocido, entre en él y podrá ver su vida sin máscaras: momentos felices, satisfactorios, y plenos; también detectará con facilidad los errores que tanto le han frustrado y le han hecho daño... ¡Enfréntelos! Aprenda de ellos. ¡Y acepte de una vez por todas lo que usted es!

No dude en darse esta oportunidad, ¡porque mientras no lo haga, jamás podrá resurgir! Ni sabrá con exactitud qué hacer o cambiar para resolver lo que necesita, ni tampoco sabrá el camino que le dicta su corazón.

Parece un ejercicio iluso y hasta simplista, pero no lo es. La introspección es un mecanismo sencillo que lo preparará no sólo para el autoconocimiento. Lo llevará a encontrar la respuesta que busca en forma equívoca en el exterior. Porque la verdadera solución está en usted mismo.

En algún momento, cuando reflexionar se convierta en algo cotidiano para usted y se acostumbre y confíe en este acercamiento consigo mismo, dejará de temer, encontrará la respuesta que busca para solucionar lo que ahora mismo le estorba para ser feliz. ¡Sólo hágalo! ¡Entréguese! Y su energía única le va a dar momentos insustituibles.

Recuerde algo: ¡La intuición nunca falla! .... ¡Lo que se equivoca son nuestras creencias!

No es exagerado ni fantasioso lo que le propongo. A través de mi propia experiencia he descubierto que la forma más eficaz para encontrar respuestas al dolor emocional y a dudas internas es el autoconocimiento, porque a través de él, la vida interior sana y nos abre la posibilidad de un mundo nuevo y feliz.

Eso me ha preparado para una vida mejor, con posibilidades infinitas de encontrar las respuestas que siempre busqué erróneamente afuera, sin saber que cada una de ellas estuvo siempre en mi interior y que antes no las había visto.

Deseo que usted también lo logre.

¿Será que cuando vacías el alma
a gotitas nunca se logra deshacer
de todo lo que lleva? Porque así te
sientes, que se van algunas cosas
y otras regresan con más fuerza
volviéndote a llenar. Sacar de golpe
lo que tienes te da miedo, como si
te fueras a ir con todo aquello
que te hace daño y por eso te aferras
a que se quede... ¡aunque estorbe!

Será por eso también, que ahí
sigue tu alma revolviéndose en sus
propias aguas, a veces se aligera
cuando lloras, pero otras, la sientes
más pesada que nunca... tanto,
que hasta a ti te duele cargarla.
¡Con ganas de dejarla en el olvido!
Pero luego te acuerdas que sin ella,
los años no tendrían sentido,
ni la vida tampoco...

2 *Aprendiendo*
a no callar

¿Cuántas veces ha escuchado que no quejarse, no pedir, y conformarse con las situaciones que rodean su vida es sinónimo de madurez, educación e incluso bondad?

Insistentemente, nuestra cultura y, en algunas ocasiones, nuestras creencias religiosas nos han acostumbrado justamente a eso: a callar y a ver con resignación lo que pasa con nosotros y a nuestro alrededor.

Estos criterios son positivos cuando se asumen con responsabilidad, cuando la fe sustenta esos pensamientos y éstos nos trasmiten paz, cuando somos conscientes de que nuestras creencias se muestran a través de nuestro sentir y estamos de acuerdo con ellas, pero cuando esas creencias evitan que expresemos nuestras verdaderas emociones y laceran nuestra individualidad empezamos a transformarnos en seres no conformes, autocríticos y autocensurables.

No sólo a través de ideologías religiosas y culturales se aprende a callar, también se adopta el silencio por la educación familiar recibida o por los hechos y acontecimientos que conforman la vida. Todo ese entorno forma un criterio muy personal, que muchas veces prepara para la no expresión y represión, y lo que es peor: lleva a un camino de temores y al desconocimiento propio. Por eso en el alma caben sentimientos confusos y dolorosos.

Le voy a explicar mejor: a una gran cantidad de personas les ha sido enseñado durante su crecimiento y desarrollo que el llanto, la risa, la pasión y cualquier otra emoción intensa, tienen que moderarse y hasta justificarse: deben tener el escenario y el momento preciso para manifestarse. Si no, se exponen a la crítica, al rechazo social, al señalamiento y a veces al castigo.

¿Recuerda usted algún episodio de su niñez en donde lo hayan castigado duramente por haber expresado que estaba asustado, que tenía miedo, que estaba inconforme con alguna circunstancia, que quería cambios de algo, o alguna otra situación similar? ¿Le ocurría de una forma sistemática en su hogar y se lo enseñaron sus padres o quienes estuvieron a cargo de su crianza o a su lado durante su desarrollo?

Si es así, entonces espere a saber los costos que tendrá que pagar a la hora de relacionarse con los demás en su edad adulta, porque las formas de expresión aprendidas en la infancia, sancionadas y etiquetadas como "buenas o malas", "convenientes o inconvenientes", han logrado que su corazón se entrene, perdiéndose la maravillosa oportunidad de conocer y expresar sus verdaderos sentimientos.

Es importante aclarar que la educación recibida, en la que se adoptan valores, actitudes, normas sociales y otros comportamientos que son necesarios para la convivencia, y que responden a un contexto social y cultural, no tienen que ser condicionantes para que usted reprima y calle sus sentimientos, siempre y cuando éstos los utilice para su desarrollo y crecimiento individual, y no impliquen un daño a otros, a su entorno o a las normas establecidas para una cohesión social en armonía.

Quiero decir que las restricciones de toda sociedad humana para lograr la sana convivencia colectiva, no son necesariamente limitantes para que usted exprese su libertad interior mediante sus emociones. Es decir, esa "madurez" y "buen comportamiento" que se le pidió e inculcó durante su crecimiento, no significa que usted tenga que reprimir o anular sus sentimientos ni siquiera en su edad adulta, que tenga que acceder a presiones propias o ajenas y tampoco que se llene de miedo cuando trate de decir lo que siente.

Considere que la represión de los sentimientos lo prepara para vivir la vida a medias, porque su esencia no culmina en congruencia con los actos y pensamientos que tiene día a día, de tal forma que se pierde la maravillosa oportunidad de vivir en todos los sentidos.

Callar los sentimientos estimula el miedo, las dudas y la inseguridad, que se traducen en estorbos para expresar de manera sana lo que quiere y lo que usted es por fuera y por dentro. Por eso conéctese primero con su vida interior y después expréselo, eso lo guiará hacia un camino más certero rumbo a su propia felicidad. Y en el amor lo ayudará a escoger parejas sentimentales que lo complementen y enriquezcan; le capacitará para entender sus estados de ánimo, sus pesares, sus deseos más profundos y los de su pareja. Lo preparará entonces para que el amor llegue sin medida.

- ☞ Cuando aprenda a no callar evitará el miedo a ser usted mismo, sin herencias negativas que lo coarten a expresarse y a conocerse.
- ☞ Cuando aprenda a no callar encontrará con mayor facilidad relaciones sentimentales satisfactorias y plenas, sin el fantasma del silencio.
- ☞ Cuando aprenda a no callar identificará con mayor facilidad lo que usted espera de la vida.

La importancia de conocer y expresar sus sentimientos le traerá algunos de los siguientes beneficios en su vida:

- ☞ Será auténtico y congruente con lo que siente, dice, hace y piensa.
- ☞ Será generoso con usted mismo y con los demás, porque comprenderá sus sentimientos y los de otros.
- ☞ Será capaz de establecer relaciones amorosas honestas y sobre todo satisfactorias, porque se expresará en función de las necesidades y sentimientos de usted y de su pareja.
- ☞ Será más comprensivo en torno a la naturaleza humana y evitará juzgar los sentimientos y actitudes de otros.
- ☞ Será capaz de aclarar las dudas que surjan en su vida, porque se expresará genuinamente y sin temores.
- ☞ Será maduro para enfrentar los sentimientos negativos cuando los experimente.

Cuando usted se exprese tal y como es, su aprendizaje personal lo enriquecerá de una forma extraordinaria, porque disfrutará con mayor plenitud los sentimientos positivos y entenderá con mayor claridad los sentimientos negativos.

Para explicarle todo lo anterior de una manera más práctica, le voy a exponer dos sentimientos sencillos y naturales en los seres humanos, opuestos entre sí, pero igualmente importantes: la alegría y la tristeza. Cómo los percibimos en forma individual y cómo reaccionamos ante ellos en el esquema social.

Antes recuerde algo: la represión sistemática de los sentimientos se paga con el miedo a usted mismo, la falta de confianza y la frustración.

La alegría

Éste es un sentimiento que nos provoca bienestar, euforia y satisfacción personal; cuando estamos contentos queremos hacer partícipes a los demás de nuestro estado de ánimo y nos incita a realizar nuestras actividades con entusiasmo. Es uno de los sentimientos más fáciles de expresar, porque además de hacernos sentir bien y traer grandes beneficios a nuestra vida, nos acerca a la aceptación social.

La alegría hace que tengamos la aceptacion social, porque es una actitud buscada y querida por la mayoría; a todos nos gusta sentirnos alegres y rodearnos de gente optimista, que incluso en los momentos difíciles tenga la capacidad de sonreír y afrontar la adversidad con buena cara.

Pero la alegría también tiene otras caras, porque es un recurso que se utiliza para disfrazar otros sentimientos como el enojo, la frustración, la vergüenza o la timidez. Un ejemplo simple: ¿le ha tocado ver a alguien lastimado o avergonzado por algún hecho, y simplemente ve que esa persona en lugar de aceptar y expresar ese sentimiento de enfado o vergüenza, lo único que hace es reírse? Esta actitud responde a una necesidad de protección, porque a nadie le gusta sentirse expuesto y vulnerable ante los demás, y la mejor manera de enmascararlo es a través de la risa o la falsa alegría.

Lo que quiero expresar con este simple ejemplo es que la alegría es un sentimiento sano, hermoso, vivo y permanente en el ser humano que lo hará vivir cosas maravillosas, siempre y cuando no lo utilice para disfrazar, esconder o manipular otros sentimientos, porque con ello usted se daña.

Busque y entrénese para encontrar la alegría genuina siempre en su vida. Hay muchos momentos para eso, y motivos también, particularmente los encontrará en los aspectos cotidianos y sencillos de su vida.

Aprenda a expresar la alegría de manera sincera y como mejor lo desee: efusivamente o de una forma serena; lo importante es que se sienta bien con usted mismo. Esto le ayudará a que sus mecanismos internos de defensa se abran poco a poco y comience a perder el miedo a expresarse. ¡Olvídese de los demás y concéntrese en usted mismo!

La tristeza

Éste es un sentimiento contrario a la alegría, y cuando lo experimentamos nos hace caer en la desilusión, desesperanza, apatía y otras sensaciones negativas. Por eso, hay quienes temen aceptar que atraviesan por un periodo de tristeza y muchas veces no saben cómo enfrentarlo, porque se sienten debilitados, temerosos y hasta fracasados.

Se puede expresar la tristeza en diferentes formas: aislamiento, apatía, desinterés o simplemente el llanto. Pero a muchas personas se les dificulta aceptar estas emociones, porque han sido entrenados para eso: para no llorar y reprimirse (particularmente el sexo masculino); y las personas que han sido sometidas a una educación muy rígida o con rigurosos valores educativos o episodios dolorosos durante su crecimiento, presentan este bloqueo emocional.

La tristeza hace que algunas personas sientan el rechazo social, porque la reacción más común de las personas que se encuentran alrededor de otra que se siente lastimada o herida y llora por eso, es el alejamiento. Aprendieron a tomar distancia porque no saben cómo ayudar o enfrentar un episodio de dolor en ellos mismos y tampoco en los demás.

Aprendieron a disimular el dolor con actitudes erróneas, evadiendo sus estados de ánimo y permitiendo que el daño crezca, porque prefieren huir de él, antes que enfrentarlo y solucionarlo.

Cuando usted tenga el sentimiento de tristeza, es conveniente que trate de buscar internamente la razón de ésta, no la esconda, enfréntela y exprésela, pero también busque la manera de solucionarla.

Asuma una actitud positiva y trate de cambiar ese estado de ánimo para que sólo sea un episodio temporal en su vida y no algo permanente. Si la experimenta con frecuencia, busque acercamiento con ese poder superior en el que usted cree; busque ayuda profesional si es preciso, y ante todo, no tema.

Después de ver ambos sentimientos, podemos darnos cuenta de que los dos son naturales en el ser humano, forman parte de nuestra esencia misma y complementan el interior más profundo del alma.

Aprenda, viva y comuníquese sin miedo con todos los vértices que conforman sus emociones, sepa que todas son naturales y positivas, siempre y cuando las experimente dentro de un equilibrio emocional.

¿CALLA CUANDO AMA?

Dentro de las experiencias que me fueron compartidas para la realización de este libro, para mí fue una sorpresa descubrir un gran número de personas que cuando aman, callan. Acostumbran a callar sus verdaderos sentimientos en sus relaciones íntimas. El mecanismo de comunicación que han aprendido durante su vida los limita en el conocimiento propio y de otros, porque está basado en el temor a expresarse, en prejuicios, en comportamientos aprendidos y en la repetición de actitudes que lo único que han hecho es descontrolarlos.

Cuando estos comportamientos se ejercitan en las relaciones de pareja, aparecen bloqueos de comunicación que impiden que una relación se desarrolle satisfactoriamente, y con ello, que el amor crezca y se fortalezca.

Le muestro lo anterior porque durante mis entrevistas encontré expresiones como la siguiente:

Me gustaría decirle más seguido a mi esposa que la quiero, me hace falta ser más cariñoso pero no puedo, porque tengo miedo de que ella piense que soy débil y no quiero que tome el control de mí, ni de la relación.

Si lee detenidamente la frase anterior, le resultará posiblemente inmadura, y lo es, pero refleja un pensamiento común en muchas personas que creen que expresar las emociones es sinónimo de debilidad o inmadurez.

Hubo quienes aseguraron durante mis entrevistas que callar sus emociones ¡era incluso una forma de vida!

En esta dinámica de callar por temor se encuentran muchas parejas. Todavía existen tabúes y miedos que ni con los años de convivencia mutua los han podido superar; particularmente en temas como el sexo, el dinero, el respeto a la individualidad personal, roles de género establecidos por la sociedad y hasta en la forma de divertirse que acostumbra tener cada uno.

Cito textualmente frases de algunas personas que generosamente confiaron en este trabajo, y que demuestran lo anteriormente descrito:

No disfruto plenamente las relaciones sexuales con mi pareja, porque creo que él piensa sólo en sí mismo. Me gustaría que se preocupe por mí, pero no sé cómo decirlo sin lastimarlo y no quiero que crea que no me complace.

Tengo ganas de divertirme más con mi mujer; me gustaría que hiciera conmigo otras actividades, porque nuestras formas de distraernos son siempre las mismas y las que ella elige. Eso me aburre, me aleja de ella y me obliga a mentirle.

Nuestros problemas económicos han llevado a que nuestra relación se deteriore; yo creo que mi esposo no aporta el dinero suficiente y él supone que yo lo gasto en forma indebida, continuamente peleamos por las carencias que tenemos en la casa y quisiera tener más dinero para que los problemas terminen.

Siento que mi esposa me asfixia, continuamente vigila mis actos y mis cosas personales, eso lo ha hecho sin que haya habido nunca una falta de mí hacia ella, y por eso me desespero. Quisiera huir porque no comprende que aunque la quiero, necesito mi propio espacio y respeto a mi privacidad.

Este tipo de conflictos representa ni más ni menos que un problema de comunicación. No es el dinero ni el comportamiento sexual ni las costumbres de cada uno lo que los aleja de su pareja. El problema fundamental es que se acostumbran a callar, a no decir lo que quieren y necesitan, creyendo que la conformidad se parece a la madurez, y eso los obliga a ser prudentes. Esta suposición ocasiona que el problema nunca se diluya; por el contrario, con el paso del tiempo cualquier problema cotidiano y aparentemente insignificante, puede detonar en un problema mayor, una separación entre la pareja, o en el último de los casos rencores irreconciliables.

A propósito, conocí a una pareja que se divorció después de seis años de relación, y durante ese tiempo, ella nunca pudo resolver que él evitara poner sobre la cama la toalla mojada con la que se secaba después de bañarse. Ella me contó que ese simple hecho que calló y toleró durante años, llegó a provocarle odio cada vez que él se metía a bañar y le predisponía a un estado de tensión agudo. Hasta el día que decidieron separarse, durante la pelea y reclamos mutuos, ella le gritó ese hecho que la lastimaba. Parece increíble y exagerado, pero no lo es; en muchas parejas, los problemas sencillos se convierten en grandes muros debido a las barreras de comunicación que existen.

La verdadera razón de muchos conflictos sentimentales entre las parejas es que no saben comunicarse en forma clara y precisa para obtener lo que quieren, no saben cómo expresar y defender su propia individualidad para una sana convivencia mutua; por eso permiten que los sentimientos negativos afecten la relación. Ésta es una de las razones principales por las que llegan el malestar emocional, la represión y la censura.

Hay parejas que creen conocerse y por eso no se retroalimentan, no evolucionan y no acuerdan. Basan sus actitudes en suposiciones que están sólo en su mente y los dañan, sin saber que la solución es sencillamente hablar y escuchar para que el acercamiento emocional y el respeto mutuo surjan.

Es normal que en una relación existan diferencias y tiempos difíciles, pero es más fácil solucionarlos entre dos, no solamente con los vínculos de amor, sino estableciendo una comunicación clara, honesta y generosa para que el problema se disipe.

La falta de entendimiento es un problema cotidiano, recurrente y más grave de lo que usted cree. Muchas parejas de hoy no se comunican, han establecido un sistema equivocado, muchas veces rutinario, frío y distante, en donde cada uno cree que cumpliendo su rol de hombre o mujer y asumiendo las obligaciones en el hogar, eso será suficiente para que una relación camine sola.

Es importante que esté consciente de que cada persona tiene una forma natural y adquirida de comunicarse; por eso no pretenda que su pareja se comunique de la misma manera que usted. Aprenda a conocerla, ubique sus formas de expresión y trate de entenderlas, tampoco se resista ni se avergüence cuando usted quiera cambiar las formas expresivas que ha hecho durante años, y que no le han permitido lograr lo que quiere.

Una oportunidad para conocer la manera de expresarse tanto de usted como de su pareja es cuando se viven momentos de profundo éxtasis o de dolor; en ambos extremos emocionales, el interior no conoce límites y se expresa genuinamente ¡tal y como es!

Cuando sienta un profundo dolor o una enorme alegría trate de no disimular sus emociones pensando si sus expresiones son las adecuadas o no. Exprese genuinamente lo que usted sienta y crea, siempre y cuando sus manifestaciones no impliquen un daño o invasión al respeto de otras personas o lugares.

El camino correcto es que usted libere sus emociones, de manera sana, sin temor o vergüenza. Aprenda que la alegría, el llanto, el amor, la timidez, la pasión y otras emociones forman parte de su naturaleza.

Cuando aprenda a no callar, el entendimiento hacia usted mismo, con su pareja y hacia los demás será mayor, porque conocerá, comprenderá y disfrutará la condición humana en su naturaleza misma.

Recuerde que callar y aceptar que callen ante usted lo va a llevar a conducir sus relaciones por un camino lleno de neblina: jamás se va a dar la oportunidad de expresar quién es ni tampoco obtendrá la sinceridad de su pareja, porque los sueños, temores y deseos de ambos van a quedar escondidos en el ¡desconocimiento mutuo, la mentira y el prejuicio de la fortaleza emocional!

Hoy el día está gris, avisa ser nostálgico
y parece oprimirte. Pediste con fuerza
que el sol regrese para ver con claridad,
no entiendes tu realidad y te confunde
la de otros. Mañana, un suspiro
de Dios hará que la bruma se aleje,
que no vuelva nunca más
y que ¡para siempre te olvide!

3 *Soledad*

Cuando llegó el momento de abordar el sentimiento de soledad, sabía que iba a enfrentarme a un tema difícil: subjetivo, doloroso, para algunos, por increíble que parezca, poco serio y hasta frívolo.

La misma descripción de este término, según la Real Academia Española, tiene varias connotaciones: "Carencia voluntaria o involuntaria de compañía"; "lugar desierto, o tierra no habitada"; "pesar y melancolía que se sienten por la ausencia, muerte o pérdida de alguien o de algo"; hasta muchos otros significados que podríamos darle nosotros mismos, según nuestro propio criterio.

Pero la respuesta más parecida entre las personas que entrevisté para conocer su percepción acerca de este sentimiento fue: la soledad es un vacío.

Y desde esta perspectiva voy a comenzar a plantearlo.

¿POR QUÉ LA SOLEDAD SE PERCIBE COMO UN VACÍO?

En cualquier acontecimiento de nuestra vida en el que experimentamos la pérdida de algo o de alguien, el sentimiento de soledad surge de una forma abrumadora en nuestro interior, nos invade una sensación de despojo y cuando no lo enfrentamos de forma positiva, nos hace ausentes de nosotros mismos: perdemos confianza, seguridad, sentido de autoprotección, e incluso, hay quienes sienten que no tienen valía como seres humanos y por eso se abandonan a sí mismos a través de excesos y conductas autodestructivas.

La soledad nos pone cara a cara con sentimientos como la angustia, la tristeza, la desesperación, la vulnerabilidad, la fragilidad, la impotencia y, muchas de las veces, ante un dolor intenso que no se puede describir con exactitud.

En términos comunes: el corazón y el alma se encuentran doloridos.

Cuando tuve convivencias personales con personas que manifestaron sentirse en soledad, pude percibir sentimientos y actitudes comunes entre ellas, enmarcándose todas en un cuadro de confusión emocional y conflictos interiores que los hacía sentirse culpables, temerosos y en desventaja con los demás, porque creían que "sentirse solo" era algo malo y que solamente les pasaba a quienes no tenían afecto por parte de otros.

Esta idea es falsa, los daña y permite que el sentimiento crezca de una forma insospechada.

A continuación le voy a mostrar los síntomas comunes que encontré en personas que se sienten solitarias. Analícelas y revíselas bajo sus propias experiencias. Le revelarán fácilmente si su interior se siente en soledad, y si eso le ha impedido encontrar el equilibrio y la paz que necesita para ser feliz.

Síntomas de soledad

- Dolor emocional.
- Ansiedad.
- Sentimiento de despojo y desprotección.
- Angustia.
- Aislamiento.
- Miedo al presente y más al futuro.
- Inconformidad permanente con lo que es y con lo que tiene.
- Falta de sentido de pertenencia y arraigo a su entorno (familia, amigos, lugar en donde vive y en términos generales en donde se relaciona).
- Necesidad constante de afecto emocional y contacto físico.
- Comete errores sistemáticos en las elecciones de pareja sentimental.

☞ Fanatismo hacia un poder superior, empujado más por el temor que por la fe.
☞ Necesidad de realizar acciones autodestructivas como el consumo de alcohol, drogas, excesos en el comer, fumar y otras conductas que ponen en riesgo su integridad física y equilibrio mental.
☞ Apatía y falta de interés con usted mismo, con episodios depresivos frecuentes y con una idea distorsionada de la realidad, en donde se asume como innecesario, irrelevante y carente de valor.

¿Estos síntomas le reflejaron algo de su vida? ¿Le hicieron ver que en algún momento se ha sentido solo? ¿Le permitieron identificar sus sentimientos?

Hacer un análisis de los sentimientos es siempre positivo. La rutina, los cambios constantes del entorno y las presiones externas muchas veces impiden darle una vista a nuestro interior, por eso existe el descontrol y el desequilibrio. Y cuando se trata de la soledad, la confusión aumenta, por eso es conveniente identificarla, luego conocerla y finalmente enfrentarla.

¿CÓMO ENTENDER LA SOLEDAD?

El sentimiento de soledad es consecuencia de una idea, de una creencia que se ha inculcado generacionalmente; se le da un valor sociológico porque los seres humanos conformamos una comunidad, un conjunto y a partir de eso nos valoramos.

Esto es lógico, porque los seres humanos somos sociables por naturaleza y así debemos entenderlo y asumirlo; no podemos vivir aislados ni independientes de otros. En pocas palabras, no podríamos subsistir sin relacionarnos con los demás ni con el exterior.

Pero tampoco se debe confundir la necesidad de vivir dentro de una sociedad, como una característica fundamental para lograr el equilibrio, porque hay quienes valoran la capacidad de relacionarse con otros como la forma de medir si se encuentran en soledad o no; es decir, en la medida que tienen mayores relaciones interpersonales, más personas con las que conviven en su vida diaria, incluyendo a la familia, en esa dimensión le dan mayor o menor valor al sentimiento de soledad; y eso tiene consecuencias en el estado anímico.

Sin embargo, esta creencia es errónea, porque el sentimiento de soledad, es intrínseco, individual, personal y único, motivado por valores adquiridos durante nuestra vida y generado por vivencias personales que atañen única y exclusivamente a uno mismo.

Le voy a explicar mejor: no importa el número de personas que usted tenga a su alrededor, lo que verdaderamente interesa es la forma en la que usted se percibe a sí mismo, cómo se interrelaciona y cómo vive con su propia existencia.

Si usted tiene carencias espirituales que lo hacen sentirse solo y, por tanto, inconforme e infeliz, la forma de solucionarlo no es únicamente por medio de las relaciones que sostiene con los demás. Aunque eso le ayuda en su aprendizaje y motivación interior, la verdadera plenitud viene de su propio interior.

¿CÓMO ENFRENTAR LA SOLEDAD?

La mejor forma de enfrentar la soledad es a través de la reconciliación.

La reconciliación con usted mismo, con su vida, con sus circunstancias, condiciones, errores y aciertos, con la forma en la que usted ha decidido trazar su propio rumbo.

Es común que la inconformidad se confunda con soledad, porque existen vacíos que no han sido cubiertos, sentimientos que no han sido identificados por usted y eso le hace creer, que "le falta algo" para ser feliz.

Esta sensación de vacío se experimenta cuando no ha sido solucionado algún aspecto de su vida que en el fondo quisiera modificar, transformar o mejorar, pero no lo ha identificado aún, o peor aún, ya lo sabe pero no se atreve a cambiar por miedo, por prejuicios o porque no sabe comunicarse eficazmente con su interior.

Ese "algo" que le falta para ser feliz y al que muchas veces le ha llamado soledad, no es más que una falta de reconciliación con su vida. Por eso se siente confuso, temeroso y terriblemente solo.

La mejor manera de solucionar estos sentimientos es que usted enfrente sus circunstancias de manera real, que las identifique y haga algo si es que necesita cambiarlas. Si sus decisiones y las consecuencias que han traído consigo no le hacen feliz en este momento, y eso lo hace sentirse aislado, vire su camino hacia otros horizontes. Nunca es tarde para cambiar, nunca es tarde para hacer este tiempo el mejor de su vida.

Modifique su rumbo con base en sus necesidades y deseos. Transforme sus creencias en positivas, porque automáticamente éstas modificarán sus emociones. Conózcase y aprenda a vivir en compañía de usted mismo, porque hacerlo es realmente extraordinario. Para lograrlo únicamente necesita aceptarse, comunicarse con Dios y sobre todo, tener amor incondicional a usted mismo.

**Transforme los momentos
solitarios en una oportunidad positiva:**

- La soledad facilita la comunicación con su interior y exterior.
- La soledad induce a la inspiración y lo acerca a la aspiración de su vida.
- La soledad lo conecta con su vida espiritual y fortalece su fe.
- La soledad permite identificar mejor sus fortalezas.
- La soledad lo motiva a la reflexión y a enfrentar su realidad.
- La soledad lo acerca a su verdadera identidad y a creer en ella.
- La soledad lo capacita para una vida mejor.

Sepa de una vez que la soledad no es un monstruo al que le deba temer. La soledad física es parte natural del ser humano y la soledad emocional es una clara respuesta de que usted no se ha comunicado eficazmente con su interior y es un sentimiento que puede cambiar y transformar para su beneficio.

¡Así que no se lamente más y empiece a actuar en beneficio de su vida!

La soledad te quita lo inmune.
Te enferma por los vacios de tus
silencios, de tus desamores, de tus
desencuentros y de la pobreza de tus
deseos.

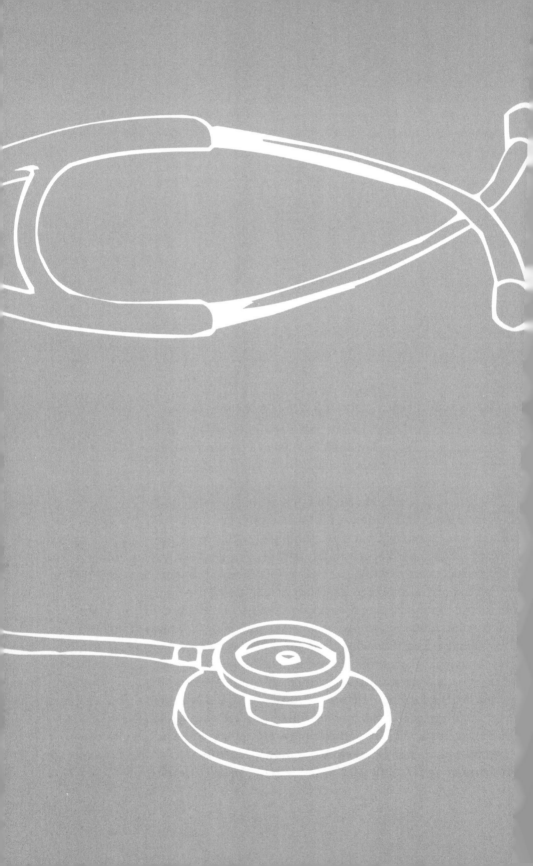

4 Cuando la soledad

enferma

Es hasta cierto punto poco probable que un ser humano siempre se encuentre alegre, optimista y sin experimentar otros estados emocionales opuestos como la tristeza, la desesperanza o cualquier otro que le provoque dolor emocional. En todo caso, existen personas positivas que saben enfrentar satisfactoriamente los problemas y tienen un manejo sano y equilibrado de las emociones, sin que las dificultades les impidan ser funcionales y felices.

Pero hay personas que no encuentran en el manejo de las emociones el equilibrio que les permita funcionar, ser y sentir satisfactoriamente; y más aún, no están conscientes de que sus emociones se cargan casi siempre en un mismo polo, predominando en ellos emociones que les provocan dolor y episodios depresivos.

A través de mi propia experiencia, y en la de otros, en las que tuve la oportunidad de conocer y compartir las sensaciones que provocan los sentimientos a los que no quiero llamarles "negativos" como comúnmente se les llama, sino sentimientos "adversos", porque mientras se experimentan se tiene la sensación de que las cosas no andan bien, y de que la infelicidad existe, pero que al final forman parte de la naturaleza humana, he comprobado diversas teorías en las que se advierte que las emociones están vinculadas no solamente con nuestras creencias, sino que también se relacionan directamente con nuestro estado físico. Y en este capítulo quiero referirme a la investigación que realicé acerca del tema, sobre el trabajo del Dr. Alexander Lowen, médico y psicoterapeuta estadounidense, considerado como el creador de la Bioenergética.

En términos prácticos, la Bioenergética se basa en que **pensar y sentir** son equivalentes; es decir, lo que pensamos, se traducen en los sentimientos que tenemos, y más aún, éstos están asociados necesariamente con nuestro estado físico.

El Dr. Lowen (1910-2008) fue Director del Instituto de Análisis de Bioenergética de Nueva York, y es autor de importantes libros como *El lenguaje del cuerpo* (1959); *La traición del cuerpo* (1962); *Bioenergética* (1977); *Depresión y cuerpo* (2001), entre otros; él plantea que detrás de los procesos conscientes se encuentran los factores energéticos que finalmente determinan todas nuestras funciones vitales. En otras palabras, lo que pensamos genera energía y ésta determina nuestro funcionamiento vital.

Quiero referirme a las investigaciones hechas por un profesional en la materia como el Dr. Lowen, porque percibí, durante los trabajos del presente libro, que un gran número de las personas a las que entrevisté y que dijeron experimentar sentimientos adversos, pero en particular el sentimiento de soledad, presentaban síntomas físicos y emocionales comunes.

Cuando se enferma de soledad, usted experimenta:

- Insomnio.
- Debilidad.
- Falta de apetito.
- Sueño.
- Dolores de cabeza frecuentes.
- Crisis de llanto.
- Palpitaciones cardiacas intensas.
- Temblores en el cuerpo.
- Frío constante.
- Falta de energía.
- Angustia.

Quiero puntualizar que los síntomas anteriores no están fundamentados estrictamente en preceptos médicos, porque evidentemente carezco de una formación profesional en medicina; únicamente representan un panorama generalizado de las sensaciones de personas "solitarias" con las que conviví y trabajé para la realización del presente libro, y que asocian sus malestares físicos precisamente con el sentimiento de soledad; es decir, cuando se sienten solos, es más frecuente que experimenten lo anterior descrito.

Son, pues, referencias prácticas, recogidas y trasmitidas por el sentir de mis colaboradores y que no pretenden aspirar a ningún fundamento científico.

Al punto que quiero llegar es que cuando se enferma de soledad, se está incapacitado para desarrollar una vida física, mental y emocional en plenitud. La energía de las personas solitarias no fluye de igual manera que cuando se sienten parte de algo, de un todo, o emocionalmente están receptivas y en equilibrio.

Enfermarse de soledad afecta no nada más el estado físico, porque ello es una consecuencia del daño que prevalece en lo emocional y éste, a su vez, influye en el entorno de las personas: afecta sus decisiones, cómo se interrelaciona con los demás, cómo actúa en el amor y cómo escoge una pareja sentimental.

Enfermarse de soledad daña la energía, la autoestima y le distorsiona un concepto positivo de su entorno, de la vida y el amor.

Estar enfermo de soledad influye para elegir el amor cuando:

- ☞ Se elige pareja para cubrir otra necesidad interior, y no por el amor mismo.
- ☞ Se toman decisiones motivadas por el temor a quedarse solo(a).
- ☞ Se persiguen prototipos de ideales amorosos absurdos, alentados por la idealización que provoca el sentimiento de soledad.
- ☞ Se experimentan relaciones erróneas, porque las decisiones para elegir pareja se toman en un estado emocional confuso y doloroso.
- ☞ Se asume un sentimiento de resignación cuando se involucra en relaciones dañinas, porque se cree que no existe otra opción mejor.
- ☞ Se pretende encontrar la felicidad personal con base en las relaciones sentimentales.
- ☞ Se visualiza al amor como una meta y un todo; y no como una consecuencia natural de la vida.
- ☞ Se pierde la fe de que el verdadero amor existe.

Es importante que usted identifique las sensaciones que le provoca el sentimiento de soledad, que logre entender qué siente cuando lo experimenta, cómo reacciona, cómo influye en sus decisiones personales y amorosas, cómo le afectan éstas, y finalmente cómo lo refleja en su estado físico.

Si logra entender la naturaleza de sus sentimientos le será más fácil vivir con ellos y superarlos, porque cuando usted determine la posible causa de sus malestares emocionales y físicos que afectan sus actos, éstos podrán desaparecer paulatinamente, en tanto usted modifique su actitud, sus sentimientos y cómo ejercita el entendimiento con su propio interior.

Quiero concluir este capítulo con una frase del Dr. Alexander Lowen:

La persona enamorada no enferma ni se deprime.

Valore los criterios que se exponen, recoja lo que más le sea útil y aplique lo que considere en función de sus propias experiencias.

Necesitas destruir tu soledad
amando... Por eso buscas calor,
pasión, bondad y ternura en quien
no conoces... En quien te daña,
en quien no sabe darte amor
porque es ajeno a ti, a tus miedos,
a tus dolores y a tus anhelos...

5 Cuando busca el amor
empujado por la soledad

¿A quién le gusta estar enamorado? Las sensaciones que provoca el amor son maravillosas: la vida adquiere otro matiz, reviste de esperanza, motivación y empuje para luchar unos por otros.

El amor constituye el arma más poderosa y eficaz para trascender en la vida, porque los actos se basan en la fe y en la convicción de dar lo mejor de sí en forma natural.

Por eso es fácil ceder ante la tentación del amor. Ser parte de él trasmite fuerza y bienestar, logra que se cumplan los sueños más anhelados y constituye uno de los principales motores de la vida. El amor se manifiesta de diferentes formas: en las relaciones de pareja, el amor a nuestros padres, hijos, entorno, religión, naturaleza, amigos, trabajo y cualquier otro que nos haga sentir generosos. ¡Porque el amor fundamentalmente se basa en el milagro de dar!

Pero el amor de pareja es para muchos el eje principal, ahí radica el núcleo que los motiva para formar una familia, un hogar nuevo y la aspiración genuina de adquirir su propio mundo y espacio, ajeno tal vez al que les fue enseñado, o incluso, para mejorar el esquema de amor que han aprendido en la vida.

Estos ideales motivan a muchas personas a querer estar enamoradas siempre, pero esa búsqueda, muchas veces los confunde y los lleva a cometer errores, a pagar costos muy altos para conseguirlo, como la inconformidad, el sufrimiento, la equivocación y el dolor emocional cuando se relacionan en forma equivocada, con el pretexto del amor.

En el capítulo de "Confundiendo al amor", muestro por qué los seres humanos buscamos incansablemente al amor, las razones por las que lo confundimos con otras necesidades internas y por qué la falta de equilibrio nos hacer caer en errores.

Uno de esos desequilibrios internos es la soledad, y cuando se elige el amor estando enfermos de ésta, se cometen errores que llevan a la infelicidad, a la culpa y al daño a la propia energía.

Si usted busca el amor estando
enfermo de soledad, posiblemente se identifique
con algunos de los siguientes sentimientos y actitudes:

☞ Cree que el amor de pareja es la cura para sus emociones.

☞ Cree que tener una relación sentimental es la meta principal y más importante de su vida.

☞ Desestima o nulifica su propio proyecto de vida, entregándose de lleno a una relación sentimental.

☞ Se siente mal o en desventaja si no tiene una persona que lo ame y a quien amar.

☞ Confunde el sexo, la amistad u otra necesidad interior con el amor.

☞ Idealiza personas con frecuencia y se desilusiona porque no fueron lo que usted esperó.

☞ Elige relaciones en forma precipitada que al final le causan dolor y desilusión.

☞ Asume prejuicios sociales, morales o religiosos que hacen que se empeñe en sostener una relación que no le proporciona felicidad, pero también así intenta salvarla por todos los medios, aun y cuando ésta carece de lo que usted necesita para ser feliz, provocándole episodios dolorosos e insatisfactorios.

☞ Le teme a la soledad e intenta huir de ella, a costa de relaciones erróneas.

☞ Necesita estar en compañía frecuentemente, mediante una pareja, amigos o incluso familia, vinculando la presencia de otros en su vida, con la autoestima y valía en usted mismo.

☞ Repite actitudes que le dañan y permite que el concepto que tiene de usted mismo, poco a poco se deteriore.

☞ Sabe perfectamente que usted está en un error, pero no sabe cómo salir de ese círculo.

Si asume algunos de estos pensamientos o actitudes, es muy posible que haya experimentando el sentimiento de soledad y eso le ocasiona sensaciones dolorosas y negativas, porque estas actitudes ansiosas son una muestra clara de que su interior se ha desestabilizado y lo ha alejado de su propia luz de amor.

Si usted actúa o piensa con base en los puntos anteriores, su sentimiento de soledad va a persistir y dañarlo cada vez más; la confusión emocional y la sensación de que se encuentra desprotegido seguirán mientras no busque remediarlo a través de su propio interior.

Si usted no atiende sus necesidades interiores, caerá no sólo en el riesgo de que las relaciones que elija fracasen, también se expondrá a que su integridad emocional se lastime progresivamente, llevándolo a más confusión y soledad de la que ha estado experimentando antes.

Si elige el amor, empujado por la soledad, cometerá errores que se pagan con la infelicidad, porque el desequilibrio emocional tarde o temprano le harán ver que el tipo de amor en el que se involucró, no se acerca al concepto de amor ideal que usted esperó.

Te equivocas en el amor. Recorres
tu camino en la idealización,
en lo amistoso, detrás de lo violento
y con embrujo sexual...

6 *Amores erróneos*
elegidos en soledad

¿CON CUÁL SE IDENTIFICA USTED?

Amores amistosos

Se cree que solamente el amor maduro y verdadero se convierte en amistad, después de que una pareja tiene una vida en común durante muchos años y la rutina persiste, o cuando los cambios fisiológicos naturales de las personas hacen que sus necesidades y prioridades cambien en función de la forma de relacionarse con su pareja.

Aunque no necesariamente sea así en todos los amores maduros, en algunas parejas unidas por muchos años pueden presentarse este tipo de circunstancias como una evolución natural, cuando el conocimiento mutuo hace que la relación se sostenga en un amor amistoso y esto trae bienestar y tranquilidad en quienes lo viven.

Pero los amores amistosos a los que quiero referirme no son aquellas parejas con un amor maduro que mencioné líneas arriba. Son aquellas que por soledad han confundido la amistad con el amor, porque han establecido un vínculo afectivo importante que los hace confundirse.

Este tipo de amor amistoso lo presentan parejas que han creído que la afinidad mutua y la convivencia armoniosa los sitúa en un contexto amoroso. Por supuesto que ambas características son indispensables en el amor, pero no son garantía para que una relación sea equilibrada, porque son necesarios otros componentes como la pasión, el erotismo y la magia que conlleva el interés por descubrirse uno al otro en diferentes aspectos; entre otros factores necesarios para una relación armoniosa.

Los amores amistosos pueden darse entre parejas con profesiones u oficios similares, o en personas que encuentran intereses y gustos en común, y eso les hace creer que son compatibles y están preparados para el amor.

En los amores amistosos, los niveles de excitación y pasión son bajos, no existe la suficiente química física ni actividad sexual para que la pareja se sienta completa y satisfecha en este aspecto, porque la amistad domina la forma de interrelacionarse y esto ocasiona que experimenten sensaciones de "vacíos", de aburrimiento, de apatía, induciendo a que la pareja crea que ya no les queda nada por descubrir uno del otro en el plano físico y emocional.

En algunos amores amistosos no existen conflictos de convivencia graves, porque los sistemas de comunicación encontrados en la pareja se basan en la confianza y en la amistad; sin embargo, como ya lo expuse, esto no es suficiente para fomentar una relación emocionalmente completa ni duradera, porque las dudas acerca de la autenticidad del amor que sienten hacia la persona que eligieron para amar, surgen de manera inevitable.

Me casé porque mi esposo me entendió cuando yo me sentía sola, me ayudó a superar una etapa difícil y creo que tenemos muchas cosas en común porque nos llevamos muy bien, pero a veces siento que nos falta algo en mi matrimonio. Frecuentemente no tengo ganas de hacer el amor y aunque sé que no es normal lo que siento, temo terminar la relación y quedarme otra vez sola.

Esta expresión de una de las personas que colaboraron con sus experiencias para la realización de este libro, refleja el sentir de muchas otras, que creen que aunque la amistad en una relación amorosa es fundamental para lograr un vínculo afectivo importante, también hacen falta otros factores para lograr la satisfacción y plenitud en la pareja.

¿Por qué se eligen amores amistosos?

Porque la amistad es un refugio emocional. Cuando se experimenta el sentimiento de soledad, la amistad constituye una puerta de salvación para quienes no viven el aquí y el ahora. Pretenden con la amistad huir de la soledad, olvidar el pasado y salvar un futuro incierto. Eso hace que establezcan relaciones amorosas con amistades del sexo opuesto y esperan encontrar ahí el amor.

Hay quienes aseguran que una relación amistosa tiene más posibilidades de conservarse unida en el transcurso de los años, porque la confianza y el apoyo mutuo son un componente predominante y sano en una pareja, sin embargo, cuando a una relación le faltan otros factores imprescindibles como la pasión, la admiración y el encanto de descubrirse uno al otro, la relación no resulta tan satisfactoria. Una relación tiene muchas posibilidades y la amistad sólo es una de ellas, pero no constituye una garantía de la pareja para vivir en plenitud.

Amores sexuales

Opuesto al tipo de amor anterior, en los amores sexuales existe una química intensa entre la pareja que los lleva a basar su relación amorosa en la pasión y en el contacto físico. El acto sexual constituye un mecanismo de acercamiento natural e importante en las relaciones amorosas, sin embargo, hay parejas que basan casi todos sus sistemas de comunicación preferentemente en la cama.

En la cama es donde concilian, acuerdan, planean, se expresan mejor, e incluso, en donde se perciben con mayor entendimiento mutuo.

> Mi novia y yo batallamos para comunicarnos y convivir sin peleas, pero en las relaciones sexuales nos llevamos de maravilla y es cuando yo me siento más cercano a ella. En esos momentos no me siento confundido y creo que la amo, aunque estoy consciente de que no somos muy compatibles en otros aspectos.

Ideas como la anterior reflejan que para algunas personas el sexo es prioritario para basar sus decisiones a la hora de elegir el amor y lo asumen como una parte fundamental para considerar buena o mala una relación sentimental.

Cuando se enferma de soledad, es posible que la búsqueda del sexo sea una de las formas para tratar de cubrir un vacío emocional, porque el contacto físico es una necesidad constante en quienes atraviesan periodos dolorosos, corriendo el riesgo de que esta actitud se convierta en un comportamiento repetitivo e insano, fundamentalmente para quienes por medio del sexo, evaden sus estados emocionales y no logran entender que lo efímero de ese tipo de relaciones es probablemente la causa de la confusión y el dolor que experimentan.

El sexo y la pasión también se confunden con el amor, porque la excitación intensa provoca placer físico y bienestar emocional. La compatibilidad sexual motiva para buscar un acercamiento cuerpo a cuerpo con frecuencia y genera una sensación hasta cierto punto adictiva y placentera en una pareja.

Los amores sexuales son espejismos poderosos porque el sexo es un elemento natural del enamoramiento y del romance, pero las personas que se sienten solas y buscan el amor a través del sexo por cubrir su vacío emocional, corren el riesgo no sólo de perder la ruta correcta del amor, también de lastimar su propia autoestima y armonía interior, adquiriendo con fuerza un sentimiento de vacío y soledad cada vez mayor.

Los amores sexuales se diluyen con el tiempo, porque en una relación sana no existe únicamente el sexo, también hace falta crear lazos de amor que se basen en el acercamiento emocional y éste surge cuando la pareja vive experiencias diversas en diferentes planos, no sólo en el físico.

El sexo es necesario y fundamental en una relación sana y amorosa, pero no garantiza que el amor forme parte de ésta.

Amores violentos

Este tipo de relaciones se desarrollan en un desgaste emocional y físico. Lo viven quienes aprendieron que el amor es una forma de control, manipulación y egoísmo.

Una de las características principales de los amores violentos es que las personas que lo viven son emocionalmente inseguras, temerosas e inconscientes de su propia valía. La violencia puede ser física y emocional, y éstas relaciones son altamente peligrosas.

Los amores violentos siempre ocasionan un trastorno emocional porque se nutren de miedo, dolor y baja autoestima en las personas que se involucran en una relación como ésta.

La violencia es una cadena fuerte, difícil de romper, con anclajes emocionales profundos y destructivos tanto en la persona que violenta como en la que es violentada.

**Los amores violentos tienen una
o varias de las siguientes características:**

- Golpes.
- Insultos.
- Celos enfermizos.
- Maltrato emocional. En donde se nulifica o se burla de las cualidades y aspiraciones de la pareja.
- Maltrato económico. Se ejerce fundamentalmente hacia personas que no cuentan con un ingreso propio para cubrir sus necesidades materiales.
- Presión y manipulación en las acciones de la pareja, checando horarios y cuestionando actividades.
- Indagación en las cosas personales como la ropa, el teléfono, la agenda, el correo o cualquier artículo de uso personal, con el fin de encontrar desesperadamente algún indicio de infidelidad.
- Se pretende impedir que la pareja tenga amistades del sexo opuesto.
- Se pretende impedir que la pareja se desarrolle libremente en su profesión o trabajo.
- Se realizan relaciones sexuales en el que alguno de los dos no está de acuerdo ni en la forma ni en los medios, porque implican dolor, vergüenza o abuso.
- Se coacciona a la pareja para que se exprese y se comunique libremente.

Los amores violentos se ejercitan en un círculo vicioso del que a las parejas les resulta difícil salir, porque creen que el amor está asociado necesariamente con los celos, con el control, la manipulación y el maltrato.

No me gustan los celos de mi esposa, me vigila a cada paso, y continuamente revisa mis cosas personales. Sus actitudes son porque su pareja anterior la lastimó y la engañó, por eso yo trato de entenderla, de demostrarle que yo no soy igual.

Analice la frase anterior y se dará cuenta de que la persona que lo dijo supone que la violencia emocional puede tener justificación y fundamento. Asumir esta postura pasiva implica una baja autoestima y una idea pobre acerca del amor.

Cuando una persona se siente sola, puede involucrarse en amores violentos porque su vida y energía interior se encuentran dañadas. Tratan de huir de su soledad, pero contradictoriamente se involucran en episodios vergonzosos y humillantes que los lastiman más que el sentimiento de soledad mismo.

En los amores violentos se asocia el amor con acciones coercitivas y quienes los viven, los justifican. La violencia puede desarrollarse en público o en la intimidad del hogar, con actitudes evidentes como el maltrato físico o en acciones aparentemente inofensivas, pero que resultan ser represoras para el desarrollo individual.

Generalmente quien recibe la violencia actúa en un contexto de desesperación permanente. ¡Quiere salir, pero no sabe cómo, intenta huir, pero teme; sueña con otra realidad, pero no sabe dónde buscarla!

La raíz de estas actitudes se resume en una autoestima pobre, porque las experiencias adquiridas durante su vida les han formado mapas mentales que los hacen creer que si dejan este tipo de relaciones, posiblemente no van a poder encontrar otra mejor, creen sencillamente que no lo merecen.

Estos vicios de conducta son difíciles de superar, sobre todo por quienes tienen temor a romper con una relación dañina y quedarse solos, temen enfrentar un fracaso amoroso que los haga sentir en desventaja con los demás.

La única manera de romper este esquema de dolor es no permitiendo abusos de cualquier índole, no aceptar alguna coacción que lo limite en su desarrollo personal, profesional y espiritual.

Si usted experimenta un amor violento, decídase a transformarlo. Salga de ese círculo vicioso ofensivo y lastimoso. Busque ideales positivos del amor y encuéntrelos. Para hacerlo, únicamente es necesario que crea firmemente que merece el amor porque usted mismo proviene de él.

Cuando termine con este tipo de amor, con el tiempo se sentirá agradecido por haberlo hecho, se liberará de culpas, de miedos y se preparará para un cambio radical y positivo en todos los ámbitos de su vida.

Amores infieles

La infidelidad es un recurso que se utiliza para evadir desequilibrios en las relaciones amorosas.

En las personas que experimentan el sentimiento de soledad, es fácil que se involucren en este tipo de relaciones, buscando cubrir vacíos emocionales a través de otra persona, aun cuando ésta tenga otra relación sentimental.

La soledad es uno de los motivos principales que los empujan a sostener y a mantener amores infieles, principalmente por la necesidad de encontrar y vivir en amor.

Los amores infieles pretenden enmascarar y maquillar una relación errónea a través de otra errónea, es decir, cuando a una persona no le satisface su relación amorosa, pretende evadir o cubrir sus necesidades de pareja en otra persona y decide ser infiel. "Busco lo que no tengo en casa", "mi otra pareja me da lo que necesito, realmente me comprende". Es típico escuchar estas frases sobre todo en varones, que justifican la infidelidad como un mecanismo para obtener lo que necesitan.

En muchos hombres, por cuestiones culturales e ideológicas, la infidelidad no se oculta. Ser infiel les provoca sensaciones como seguridad, control, les fomenta el ego y les satisface aparentemente sus necesidades. En las mujeres, en la mayoría de los casos, la infidelidad se oculta por miedo al rechazo y principalmente a no ser amadas. Es motivo de inseguridad.

Ambas posturas responden a la forma en la que el hombre y la mujer han sido educados con respecto al amor, la infidelidad y las relaciones de pareja, que contextualizan la infidelidad en actos "aceptables" e "inaceptables", según sea el género.

El problema de la infidelidad es un proceso doloroso, pero no insuperable. Algunas parejas que han vivido esta experiencia han logrado superar sus conflictos, y logran una unión madura cuando existe perdón, entendimiento y acuerdos en las decisiones.

Hay otros amores infieles en cambio, que hacen de la infidelidad una forma de vida, porque no se han dado la oportunidad de conocer y atender primero sus necesidades y después compartirlas con su pareja; o bien, no se han decidido a terminar una relación amorosa infeliz para iniciar de nuevo otra etapa que los lleve definitivamente al amor.

Amores no correspondidos

Los amores no correspondidos son sencillamente cuando uno ama y el otro no.

"Me casé con el hombre que elegí, pero me pregunto si mi esposo se casó con la mujer que soñó". Éste es un testimonio de una de mis colaboradoras y que está cargado de dudas con respecto a la autenticidad del amor que existe en su matrimonio, porque siente que no es correspondida de la misma manera que ella ha demostrado su amor.

En los amores no correspondidos existe mucho dolor y confusión, sobre todo cuando uno de los dos siente que ha perdido el amor y el interés de su pareja.

El sentimiento de soledad muchas veces abruma y confunde a una persona que cree que no encuentra la ruta correcta del amor y por eso sostiene o busca desesperadamente una relación amorosa, aunque no sea correspondida.

La soledad nos hace aceptar amores
no correspondidos y asumimos posturas como éstas:

- "Prefiero malo por conocido que bueno por conocer".
- "Prefiero seguir con esta relación a quedarme solo(a)".
- "Un clavo saca otro clavo".
- "A estas alturas es un error volver a empezar, mejor me quedo donde estoy".
- "Aunque tú no me ames, yo deseo estar contigo".
- "Dame una oportunidad para demostrarte mi amor, con el tiempo vas a quererme".
- "Dame tiempo para quererte, aún no consigo olvidar".

☞ "Necesito de tu compañía porque estoy confundido(a) y me siento solo(a)".

☞ "He tenido varios fracasos y no soporto la idea de tener otro más".

Estas expresiones y posturas con respecto a los amores no correspondidos, aunque parezcan inaceptables, se asumen más de lo que uno cree. La soledad y la necesidad de equilibrio interior nos hace caer en el error.

Amores cibernéticos

La tecnología ha hecho presas a muchas almas solitarias que se empeñan en encontrar una historia de amor ideal, a través de la pantalla de una computadora. Su soledad los hace idealizar personas, situaciones y relaciones amorosas en una búsqueda obsesiva en páginas de Internet y redes sociales.

En Internet hay infinidad de sitios en donde muchas personas buscan y establecen una relación sentimental. Ahí concurren miles de parejas cibernéticas que dicen amarse, incluso hay páginas eróticas en donde los asiduos buscan contenido sexual y eso les provoca una satisfacción muy particular.

Una de las características de las personas que atraviesan por el sentimiento de soledad es el aislamiento; lo asumen como un mecanismo de defensa para no ser lastimados o porque presentan incapacidad social para relacionarse con los demás en forma positiva, resultado de un desequilibrio emocional que los hace inseguros, temerosos e insuficientes en el concepto que tienen de sí mismos.

Esta incapacidad social se refleja en quienes prefieren la comunicación tecnológica a cualquier otra que implique acercamiento, convivencia, contacto físico y descubrimiento mutuo con otras personas, porque además de la inseguridad individual, existen idealizaciones muy marcadas acerca del amor y del esquema geográfico, social y cultural en donde puedan desarrollarlo.

Tengo un novio en el extranjero y me comunico [con él] todos los días a través de Internet. Yo siempre quise tener un novio de otro país y por fin lo encontré. Es una relación muy bonita y estoy muy contenta, aunque no ha sido posible encontrarnos personalmente, yo me siento entusiasmada porque siento que mi novio me comprende, que somos compatibles en todos los aspectos y me gustaría casarme con él.

Asumir estos criterios es peligroso, porque no se puede iniciar una relación amorosa sin el conocimiento necesario que se tenga de una persona, de sus hábitos, formas de convivencia, reacciones, ideales, etcétera.

Por eso, los amores cibernéticos son la mayoría de las veces ficticios, impregnados de idealizaciones en quienes pretenden encontrar el amor por este medio, y sus amores están llenos de desventajas: no hay contacto físico, no se conocen mutuamente, no saben cómo reacciona su pareja ante determinada circunstancia o cualquier otro aspecto que sea importante a la hora de relacionarse amorosamente.

Es inevitable que neguemos esta nueva forma de comunicación como parte de nuestra realidad actual, en donde la tecnología ocupa un lugar importante y útil hoy en día; sin embargo, las relaciones personales no pueden desarrollarse sólo a través de un monitor. Eso hace artificial, ficticio y carente de un conocimiento mutuo: físico y espiritual.

La gran mayoría de los amores cibernéticos termina con el paso del tiempo por la desilusión. Generalmente, la pareja no llega a conocerse personalmente y los aficionados a estos amores encuentran continuamente a otra persona a quien amar en Internet, formando un estilo de vida repetitivo que los imposibilita a encontrar el verdadero amor en su entorno.

Amores platónicos o idealizados

Los amores platónicos o idealizados se desarrollan cuando la imagen o el estilo de vida de una persona provoca admiración excesiva en otra. Interviene la apariencia física, personalidad, posición social, profesión o cualquier otro aspecto que responda a un prototipo idealizado, el cual confunden con el amor.

En etapas como la adolescencia y juventud, es común que se tengan amores platónicos o idealizados: hacia artistas, figuras públicas, profesores o personas que impliquen cierta autoridad o provoquen una fuerte admiración. Esta etapa es natural y positiva, siempre y cuando la vida de la persona que sienta este tipo de emociones se desarrolle con un ritmo natural, sin que ello implique perder el control de sus sentimientos y conductas.

Pero no sólo en los adolescentes o jóvenes se presenta este tipo de idealizaciones; ocurre también en personas maduras que presentan este tipo de sentimientos: cuando viven ancladas emocionalmente en el pasado, y recuerdan con vehemencia una relación anterior, cuando sienten devoción hacia personajes públicos o hacia personas que acaban de conocer recientemente y a quienes atribuyen cualidades o características extraordinarias, que los hace creer que están enamorados.

Los amores idealizados o platónicos tienen mayor presencia en personas que se encuentran en soledad, porque no han encontrado una persona con la que convivan o forme parte de su entorno que crean merecedora de depositarle admiración, devoción, generosidad u otros sentimientos como el amor. No han encontrado la forma, los medios, ni las personas cercanas en quien expresar sus sentimientos. Esto ocasiona hasta cierto punto una enajenación de su realidad, imposibilitándolos para conocer el amor en sus diferentes expresiones con personas y situaciones reales.

Cuando una persona vive amores ideales y platónicos en forma permanente y eso le impide buscar una relación amorosa real, caerá en una conducta autodestructiva, que le provocará frustración, porque los seres humanos necesitamos reciprocidad en los sentimientos.

Amores obligados

Son amores obligados por la edad, posición social y económica, por prejuicios morales, religiosos e ideológicos que los hacen establecer relaciones que no tienen nada que ver con el amor.

Para algunos, el amor es un artífice idealizado e irreal. Es más importante la posición social, el estatus, el interés profesional, o simplemente se sienten obligados moral o religiosamente para tener una pareja, porque han llegado a cierta edad o a otras circunstancias que les hacen creer que no encajan dentro de un esquema social establecido y no les resulta cómodo estar fuera de él.

Si no me hubiera casado con mi esposo, yo creo que no me hubiera casado nunca, porque ya tenía 37 años.

Tuve muchas novias y no encontraba a la mujer indicada, sentí en un momento de mi vida que tenía que casarme, sentar cabeza y estabilizar mi situación, porque me cansé de andar de un lado para otro y me preocupaba no empezar a formar una familia.

Me casé porque mi esposo me proporciona económicamente todo lo que yo necesito. No quiero batallar ni preocuparme por carencias que yo viví antes de casarme.

Estas formas de pensar son respetables y positivas cuando las personas que viven este tipo de situaciones no sienten algún tipo de arrepentimiento o inconformidad con sus decisiones y les proporcionan tranquilidad.

En caso contrario, cuando creen que los argumentos y prioridades que establecieron para haber elegido este tipo de relaciones no les garantizó la estabilidad y el bienestar que esperaban, traerá inconformidad y dolor en sus vidas.

Hoy te sientes perdedor. Ayer eras
fuerte por el amor... Encendiste
la esperanza con sueños y añoranza,
pero te vencieron las raíces del dolor.

7 Etapas
de las relaciones
que fracasan

Muchas personas empujadas por la soledad establecen relaciones erróneas, experimentan sentimientos que podemos contextualizar en tres etapas básicas, independientemente del tipo de amor en el que se involucran.

La idealización

Cuando inicia una relación íntima o se está en la búsqueda de una, es muy común que se idealice a la persona que apenas está entrando a su vida, no se da tiempo suficiente para conocerla y para que exprese su verdadera personalidad, gustos, aficiones y hábitos. En esta fase usted le apuesta todo al amor.

La idealización ocurre cuando se deja llevar por una atracción física intensa, por presiones sociales o familiares para iniciar una relación de pareja o porque usted siente una imperiosa necesidad de encontrar a una persona que complemente su vida y sus propias expectativas para ser feliz.

La euforia y la excitación que provocan el enamoramiento inicial le hace creer que esa persona posee cualidades que le complementarán de forma definitiva, actúa de manera irreflexiva y ve solamente lo que quiere ver, porque está motivado por la ilusión. El poco conocimiento que tiene de esa persona le impide descubrir y comprobar aspectos importantes que servirían de sostén para un buen comienzo y un mejor futuro.

En un periodo de soledad, es más fácil idealizar a alguien, porque el yo interior se encuentra en desequilibrio, busca cubrir el vacío existente y esto lo lleva a iniciar un romance con sentimientos confusos, corriendo el riesgo de la desilusión y de darse cuenta de que la persona que eligió no lo hace feliz.

Pensamientos y actitudes
que se asumen en la etapa de idealizacion,
cuando no ha superado el sentimiento de soledad:

☞ "Encontré por fin a la persona ideal".
☞ "El sufrimiento quedó atrás. Ahora sí voy a ser feliz".
☞ "Con mi nueva relación ya no me sentiré solo(a)".
☞ "El amor lo supera todo, incluso nuestras diferencias".
☞ "No hace falta conocernos mucho tiempo, estoy seguro de que es amor".
☞ "Acepto a mi pareja tal y como es, con todos sus errores y virtudes porque así es el amor".
☞ "Ahora sí encontré a la única persona que me comprende y me hace sentir bien".
☞ "El que no arriesga no gana, le apuesto todo al amor".

Con el tiempo se dará cuenta de si los atributos y actitudes que usted vio en esa persona son verdaderamente sólidos, congruentes y realistas, o si sus expectativas fueron cercanas al ideal de amor que usted se planteó. Si no es así, entonces va a entrar a la siguiente fase: la dolorosa equivocación.

La equivocación

En esta etapa se da cuenta de que la persona que eligió "no es la misma" que conoció, o bien que los aspectos que ha conocido durante el tiempo que han estado juntos, ahora no le gustan tanto como antes.

Las diferencias comienzan a marcarse y se siente inconforme, a veces confuso, a veces con ganas de dejarlo todo y terminar esa rela-

70

ción, pero en otras ocasiones puede sentirse incluso con el deseo y la motivación de remediar, de corregir errores y sanar una relación que desde el fondo de su corazón sabe que no le hace feliz.

En esta etapa puede permanecer mucho tiempo, incluso años, tratando de limpiar una relación errónea e insatisfactoria, que usted sabe perfectamente que le daña, que no le permite mostrar lo mejor de usted y que incluso, la hace caer en tropiezos sistemáticos, en conductas desesperadas por remediarlo todo y, después de ello, fracasar una y otra vez en el intento.

Muchas relaciones están atravesando por la crisis de la equivocación, lo sabe la pareja y de todas maneras continúan juntos, porque han adoptado prejuicios ideológicos, culturales y sociales, que les impiden aceptar una separación ante los hijos, la familia, el círculo íntimo y la sociedad en su conjunto, como parte de un proceso inevitable y sano.

Para ellos es más grande el miedo a fallar, a enfrentar la vida en solitario y recomenzar otra vez, que el propio dolor que implica permanecer al lado de una persona con la que no se sienten satisfechos y felices.

Es absurdo, pero es más común de lo que usted cree.

Pensamientos y actitudes
que se asumen en la etapa de la equivocación:

- ☞ "Mi pareja no es lo que yo esperé. Ha cambiado, no es la misma persona que conocí".
- ☞ "Me precipité en elegir, pensé que las diferencias entre los dos las solucionaría el amor".
- ☞ "Acepto que me involucré en la relación porque me sentía solo(a), pero ahora no sé cómo salir".
- ☞ "Temo enfrentar un fracaso. Prefiero seguir intentando salvar la relación".
- ☞ "Es muy tarde para volver a empezar, corro el riesgo de que no funcione y me quede solo(a)".
- ☞ "No hay relación perfecta. Aunque no soy feliz, prefiero vivir con lo que tengo".
- ☞ "Ya no siento interés por fomentar el amor, la pasión ha terminado".
- ☞ "No puedo separarme porque está de por medio mi estabilidad económica".

71

☞ "No puedo separarme porque está de por medio la estabilidad de mi hijos".

☞ "No puedo separarme porque me preocupa lo que piensen de mí al tener un fracaso".

¿Se identifica con alguno de estos pensamientos? Si es así, entonces es tiempo de que valore la relación sentimental que vive o que ya experimentó anteriormente.

Lo importante de este ejercicio reflexivo, es que usted entienda que las equivocaciones emocionales son parte de la vida, equivocarse en elegir una relación sentimental forma parte de sus experiencias que en el futuro lo ayudarán a crecer; reconocerlo de manera positiva le ayuda a remediar la confusión. Pero lo más importante es que usted aprenda de esta experiencia para no volver a repetir comportamientos erróneos que han sido originados por un sentimiento de soledad o un mal manejo de emociones que le han hecho perder su propia ruta de amor.

Finalmente, cuando esté consciente de que se equivocó en alguna relación sentimental, entrará en la siguiente etapa: la culpa.

La culpa

Este sentimiento ocurre cuando usted está consciente de que se equivocó en su elección sentimental o cuando la ruptura amorosa llegó.

Además del dolor que implica aceptar la equivocación, en la etapa de la culpa, la tristeza y el sentimiento de soledad pueden crecer, sobre todo porque sabe perfectamente que a pesar de que su propio interior le avisaba que la relación no iba a funcionar, usted seguía dentro de ella.

Los sentimientos de culpa reviven aún más el dolor que implica cualquier separación, porque en este proceso puede creer que no fue lo suficientemente capaz de cultivar el amor, que entonces algo anda mal en usted que hace que sus relaciones no sean satisfactorias, o sencillamente piensa que el amor no es para usted y que posiblemente no lo encontrará nunca.

Estos pensamientos adversos, característicos cuando se experimenta la culpa, ocasionan daño a la autoestima, propiciando que usted se sienta mal consigo mismo, con su entorno, y que además le ocasione una idea pobre y equivocada del amor.

Si no supera los sentimientos de culpa, usted puede convertir la experiencia en una etapa cíclica durante toda su vida, buscando otra vez iniciar la misma relación a costa de lo que sea, o buscará de manera inconsciente relaciones similares con otras personas, en donde las conductas erróneas imperen, teniendo la misma actitud que lo va a llevar a vivir exactamente el mismo desenlace: el fracaso y el dolor.

**Pensamientos y actitudes
que se asumen en la etapa de la culpa:**

☞ "No tengo suerte para el amor".

☞ "Algo anda mal en mí porque mis relaciones no prosperan".

☞ "Casi todas las personas con las que me involucro sentimentalmente tienen cosas en común".

☞ "Yo tenía razón, sabía que la relación no iba a prosperar y no le hice caso a mis presentimientos".

☞ "Me duele haber perdido mucho tiempo en tratar de salvar la relación y al final no lo logré".

☞ "Tengo miedo de volver a empezar, el amor no está hecho para mí".

☞ "Estoy decepcionado(a) de mí porque no supe valorar ni retener el amor".

☞ "Estoy decepcionado(a) de mí porque permití situaciones que me dañaron y callé con tal de seguir en esa relación".

☞ "Yo tengo la culpa de todo, no soy lo suficientemente bueno(a) para merecer el amor".

La culpa es un sentimiento muy dominante que le quita energía y poder de decisión, sobre todo cuando cree que la relación falló por culpa suya. Recuerde que una relación sentimental es de dos, por tanto, la ruta o el desenlace que ésta tenga también debe ser compartido. Acepte el fin de la relación con madurez y fuera de todo juicio que pueda hacer daño a su autoestima.

No se castigue ni le dé vueltas y vueltas al mismo dolor. Hay personas que no logran superar una pérdida amorosa en toda su vida, viven enfrascadas en el pasado y con la misma amargura que en el momento mismo en que sufrieron esa experiencia.

Transforme la culpa en un análisis introspectivo que le permita ver con claridad sus aciertos y errores. No permita que su luz de amor se apague por usted mismo, mucho menos por alguien más.

¿CÓMO SUPERAR ESTAS ETAPAS
Y SANAR, PARA NO VOLVER A FRACASAR?

Gran parte de los pensamientos de quienes atraviesan por crisis de soledad siempre están enfocados en encontrar a una pareja o a personas que los acompañen, que los hagan sentirse bien, que los protejan y que les hagan olvidar su dolor. Pero tal ansiedad ocasiona todo lo contrario: reviven y realimentan sentimientos negativos porque no saben las razones de su desequilibrio ni cómo manejarlas. Hay quienes se precipitan en buscar el amor y continúan en su búsqueda, repitiendo los mismos patrones.

Si usted se encuentra en una alguna de estas etapas, típicas de las relaciones erróneas, posiblemente se sienta más solo, desalentado y confuso. No percibe con claridad su propia realidad y la de los demás, porque su yo interior estaba indefenso, desprotegido y con una necesidad urgente de cubrir un vacío.

Por eso, es importante que si vive o ya experimentó un fracaso amoroso, no trate de sanar a través de otra relación. No vuelva a precipitarse, no cometa los mismos errores, porque entonces, nunca se va a dar la oportunidad de sanar por dentro.

Entienda que atraviesa por un periodo doloroso, que necesita tiempo para superar una pérdida. En caso de que crea tener actualmente una relación errónea, atienda su voz interior, acepte que la relación que vive no es la adecuada para usted y decídase a terminarla; con el tiempo sanará y estará más preparado para ser feliz.

Si ha llegado a la conclusión de que después de hacer varios intentos por componer una relación errónea, no lo logra, prepárese para la ruptura, olvídese del temor a fallar y empiece de nuevo. Recuerde que la vida es un cúmulo de experiencias que nos tienen que preparar y llevar a la felicidad, no para vivir con cargas emocionales que nos quitan la oportunidad de vivir en plenitud.

Para ello, es conveniente desahogar sus sentimientos, sin dejar que éstos lo dominen y le hagan daño. Le sugiero que cuando se decida a comenzar otra vez, trate de hacerlo en una forma positiva, no se precipite ni se angustie en buscar respuestas a los porqués que pudieron originar la ruptura amorosa, no se culpe por ello, ni lastime su autoestima regodeándose una y otra vez en el dolor, porque eso lo va a llevar a cometer los mismos errores en un futuro.

Haga un análisis, saque lo mejor que pueda y deshágase inmediatamente de lo doloroso.

¡Viva esos momentos, pero no se hunda en ellos!

Es importante desahogar los sentimientos, quedarse con ellos se traduce en el rencor y la amargura. Puede ayudarle el llanto, compartir su experiencia con alguien cercano a usted, buscar una guía espiritual, escribir, reflexionar y muchas otras armas con las que usted se sienta cómodo y dispuesto a limpiar su dolor.

La mejor forma de sanar es a través de su espiritualidad; foméntela y acostúmbrese a ella, tal y como se lo expongo en el capítulo de "Tu encuentro". Busque la respuesta correcta en su propia intuición y permítase entablar comunicación consigo mismo.

Empiece a fomentar una vida más sana, prepárese para el amor de una forma positiva y con calma, la vida le traerá grandes oportunidades si usted comienza a ver su mundo, su entorno y la vida de los demás como una oportunidad de aprender y ser feliz.

Ahora, enamórese de la vida, fomente cuidados en usted en el exterior e interior, haga algo para beneficio de otros y no espere siempre recibir algo a cambio. Agradezca al poder superior en el que usted crea por ¡la maravillosa oportunidad que tiene ahora mismo de vivir!

Te da miedo vivir. Prefieres el murmullo
y el ruido ajeno a tu propio silencio...
El amor te hizo náufrago de tu historia
y hoy lloras por perderte
en las ataduras de la compañía.

8 Para vivir en pareja
aprenda a vivir solo

A pesar de la evolución constante de nuestro entorno y de la vida vertiginosa de hoy en día, uno de los grandes temores del ser humano es encontrarse solo ante su destino. Por eso, la soledad es incomprendida. Se le teme, se le atribuye un contexto de dolor insospechado y se reacciona ante ésta con una lucha desesperada para no formar parte de ella.

Vivir solitario es uno de los grandes temores de quien no ha comprendido su propia naturaleza, de quien cree por error que la energía personal parte de afuera hacia adentro, o desde los demás hacia ellos mismos, de quien siente que depende de la compañía de otros para existir, ser y crecer.

Vivir solo no implica alejarse de los demás, ni vivir aislado. Significa, ser consciente de que la vida es individual, autónoma y siempre transcurre en solitario, independientemente del tiempo, de las circunstancias externas, de las personas que existan alrededor y del camino que escoja.

Dependo de mi esposo en lo más indispensable, no me gusta tomar decisiones sin consultarle. No me imagino la vida sin él, porque somos un complemento.

En un tiempo viví solo y no me gustó. Necesito a una mujer a mi lado que me fortalezca y haga mi vida más feliz, definitivamente creo que el hombre es más débil y torpe que la mujer para vivir solo.

Pienso que la vida no tiene sentido si no se comparte con la persona que amas, vivir sola es triste porque no existen motivos para luchar por lo que uno quiere.

Estos pensamientos tienen dos componentes en común: dependencia y temor, porque las personas que los expresaron vinculan la existencia de su pareja como parte indispensable en sus vidas. Esto no representa un error, siempre y cuando los miedos a la soledad no sean disfrazados, adjudicándole a ésta un sentido romántico para esconder la cobardía.

Con este planteamiento, no quiero exponer que la vida del solitario represente indiscutible valentía o certeza en la vida, quiero explicar sencillamente que la vida puede ser extraordinaria cuando se logra comprender primero, que la autonomía personal es insustituible para lograr la felicidad, y después, complementarse cuando se comparte con otros a través del amor, pero no fundamentándola en el temor a vivir solo.

Aprender a vivir solo es sentirse cómodo con usted mismo, que sea resolutivo para enfrentar sus propios conflictos, sus necesidades, sus prioridades y que sepa qué es lo que quiere y espera de la vida en función de su experiencia y no de los demás. Que tenga claro que usted es realmente el amor de su propia vida.

Es maravilloso darle un sentido romántico a nuestra propia existencia y a la de otros, pero creer que la vida en pareja es el estado ideal puede hacernos temerosos de nuestro propio desarrollo como individuos, o incluso, hacernos jueces y hasta crueles con nosotros mismos, incluso con quienes no viven una relación amorosa. Le expongo esto porque durante algunas de mis entrevistas, pregunté a varias personas si conocían a alguien que viviera solo, y cuál era su opinión al respecto. Las respuestas fueron sorprendentes:

Mi vecino vive solo, nunca he sabido que tenga pareja. Me imagino que no tiene y eso me parece raro. Creo que debe ser muy triste su vida.

Convivo con una compañera de trabajo que se divorció. Creo que no tuvo suerte porque espera demasiado de una relación y eso tampoco es bueno. Por eso vive sola.

Una amiga decidió vivir sola y le da más importancia a su profesión que a la posibilidad de buscar un matrimonio. Pienso que por ahora está bien su decisión, pero tarde o temprano se arrepentirá si no se decide a formar una familia. Por mucho éxito que se logre, nada es igual si no se tiene una persona para quien vivir.

No conozco a nadie en esas circunstancias, pero creo que las personas solitarias en el fondo son egoístas, inmaduras y a veces muy liberales, porque no quieren comprometerse. Le tienen miedo a ser responsables y a compartir lo que tienen.

Sin lugar a dudas, estas opiniones reflejan tintes compasivos, de curiosidad y hasta de rechazo hacia personas que por diferentes circunstancias desean vivir solas. Todas esas suposiciones se fundamentan en prejuicios ideológicos que al final se traducen en crítica.

¿Por qué hay quienes toman estas posturas de juez y compadecen o clasifican a las personas que por diversas circunstancias viven sin una pareja?

- Lo hacen quienes son dependientes emocionalmente de una pareja, de la familia o de otras personas para sentirse "completos" y funcionales en lo individual y en el esquema social.
- Lo hacen quienes creen que la valía personal surge equiparablemente con las relaciones amorosas que se tengan. Estos prejuicios adquiridos vinculan la soledad física con la infelicidad misma y le dan un contexto negativo a la soledad. Por eso se le teme y se le huye.

Pero si usted replantea esos juicios adversos por juicios positivos, entenderá que vivir solo durante alguna etapa de su vida, posiblemente le ayudará para que logre la madurez, responsabilidad, capacidad y autonomía personal. Estas apreciaciones me fueron expresadas por varias personas, quienes tienen un concepto diferente a las anteriores acerca de la vida en solitario:

Creo que las personas que viven solas durante un tiempo se preparan mejor para la vida, porque son más independientes, seguras y resueltas en sus problemas personales y de convivencia.

81

Admiro a quien toma la iniciativa de vivir solo durante un tiempo porque sus decisiones las basan en función de ellos mismos. Eso lo considero sano porque están más conscientes y enfocados en cumplir sus metas.

Conozco a una compañera de trabajo que desde su divorcio vive sola y me parece muy sano porque ella independientemente del rompimiento de su relación, sigue con su propio proyecto de vida; incluso la noto más optimista y segura de cumplir lo que quiere.

A diferencia de otras culturas, la nuestra muchas veces coarta ideológica y emocionalmente a muchas personas para que aprendan a vivir solas. Aunque ocurre cada vez en menor escala, los esquemas sociales actuales todavía limitan a personas adultas para que antes de compartir su vida con una pareja, aprendan a ser autosuficientes y autónomas viviendo solas. La gran mayoría pasa de un núcleo familiar a otro: dejan de vivir con sus padres y familia y después crean otro núcleo a través del matrimonio y los hijos; y si por alguna circunstancia éste rompe, vuelven a su círculo familiar primario si tienen la posibilidad de hacerlo. Un ejemplo: las personas que después de un divorcio regresan a vivir con sus padres.

Esta dinámica es uno de los factores para que se propicie la dependencia emocional hacia el núcleo familiar, pero principalmente con una pareja. Esos apegos emocionales dificultan que muchas personas se sientan prácticamente desprotegidas viviendo solas, aun en su etapa madura. Por eso, incluso cuando vivan una relación insatisfactoria evitan la separación; están estimulados en ellos sentimientos como el temor a fallar, el temor a la soledad, el temor a enfrentar episodios difíciles, el temor a vivir solo y otros temores que fueron adquiridos por los esquemas de nuestra cultura.

Para evitar esos conflictos interiores, trate de cambiar sus temores en pensamientos sólidos y positivos. Le muestro algunos de los criterios que puede asumir para evitar el miedo a ser independiente física y emocionalmente, pero sobre todo a impedir que experimente culpas cuando se decida a hacerlo, para que sea capaz de vivir en plenitud en compañía de usted mismo, y después, compartir su desarrollo espiritual con la pareja que elija para vivir.

SI APRENDE A VIVIR SOLO, LE RESULTARÁ MÁS FÁCIL VIVIR EN PAREJA

☞ Pertenecer a la vida no significa que deba pertenecer a alguien más, ni siquiera a su pareja.
☞ Ser autónomo e independiente no significa que no sea capaz de compartir sus proyectos con la persona que ame.
☞ Ser responsable de sus propios sentimientos no significa que esté obligado a resolver los de su pareja.
☞ Buscar su propia felicidad no significa que usted sea egoísta.
☞ Aprender a vivir solo no significa que no sepa vivir en compañía.

Es posible que las ideas anteriores no encajen del todo con lo que ha aprendido durante su vida, particularmente si ha creído que el valor personal proviene de las relaciones amorosas que tenga, o si éstas le han impedido descubrir y enriquecer su confianza y seguridad.

Cuando las expectativas de vida se basen sólo en el futuro que tenga en pareja, se perderá de vivir un camino auténtico.

Actitud positiva para una vida autónoma:

☞ Ser feliz lo compromete sólo a usted mismo.
☞ Ser generoso con usted lo estimulará para serlo con los demás.
☞ Ser positivo le ayudará a destruir sus temores.
☞ Ser idealista le impulsará a cumplir sus sueños.
☞ Ser independiente lo hará confiado y seguro de su propio valor.
☞ Vivir solo lo capacitará para vivir mejor en compañía.

Tales criterios espero le ayuden a valorar sus propias creencias, para identificar qué tanto se relacionan éstos con sus sentimientos y para evitar el miedo a enfocar su energía, su capacidad y su espiritualidad en función de usted mismo. Olvide la culpa a ser autosuficiente y a ser generoso con su propia existencia. Viva con usted mismo y después comparta su vida con la persona que ame. En este juego, siempre le apostará a ganar: sabrá dar y en consecuencia podrá recibir.

No siempre el amor resulta congruente, si te empeñas en hacerlo así, te perderás de ti mismo, de quien te hace soñar y de la verdadera esencia de la vida.

9 *Confundiendo*
el amor

Encontramos la palabra amor en todas partes y todos los días... en las canciones de la radio, en las frases de los enamorados, en los anuncios publicitarios de productos de mercado y ahora ¡hasta en las campañas políticas!

Es un recurso muy utilizado para trasmitir emociones como pasión, entrega, generosidad, esperanza, belleza, agradecimiento, y otras que cada uno de nosotros le hemos dado, según nuestra propia percepción de lo que significa esa maravillosa idea.

Encontrar el amor es uno de los principales motores en la vida, de ahí que se busque con vehemencia. Se forma un mapa mental de lo más representativo, se asume como necesario y se reclama a tal grado, que se confunde frecuentemente, sobre todo cuando se pretende encontrar el amor perfecto entre hombre y mujer.

El amor de pareja causa una gran confusión porque hemos sido bombardeados por diferentes medios acerca de cómo debería ser un amor perfecto, y esto nos lleva a reaccionar de diferente manera: desde sentirnos inconformes con nuestra propia historia de amor; buscar un amor ideal en forma desesperada que nos lleva a equivocarnos en su elección; o bien, sentirnos solos en la vida porque perseguimos ideales de amor que son absurdos, alentados por historias ajenas, medios masivos de comunicación y porque, principalmente, no tenemos una idea clara de lo que es el amor.

¿Se ha preguntado por qué el amor de padre, madre, hijos, hermanos y amigos, está más claro en su mente y corazón?

Sencillamente porque nunca lo pone en duda, no lo juzga ni lo boicotea preguntándose si será amor del bueno o no, simplemente abre su corazón y deja que sucedan milagros.

Pero esa apertura de sentimientos no se asume cuando se trata del amor de pareja. Justo ahí es donde se complica el encuentro y entendimiento con el amor, porque la confusión provoca sentimientos contrarios: de querer entregar todo, y al mismo tiempo, resistencia para poder recibirlo.

Cuando se experimenta ese descontrol, se cree que el amor de una pareja va a curar esas sensaciones negativas, erróneamente se busca la cura emocional en relaciones íntimas, aun en aquellas que nunca van a prosperar. Se deposita toda la esperanza en el amor y se ocasiona que los estados de ánimo dependan del éxito o del fracaso de las relaciones amorosas. Por esa razón se falla en la ruta para la elección de pareja y se elige a quien no representa el verdadero amor.

"No soy completamente feliz porque todavía no encuentro el amor de mi vida, cuando lo haga estaré completo". Esta expresión hecha por uno de los entrevistados para este libro refleja lo anterior. Él acepta que ha postergado su propia felicidad porque cree que va a surgir cuando llegue el amor de su vida.

Ante la carencia de amor y la confusión que le provoca, hace todo lo posible por entender sus emociones: escucha conferencias sobre el amor, lee libros de superación personal e, incluso, hay quienes recurren a sesiones terapéuticas para aprender las "nuevas" formas de amar entre hombre y mujer que los lleven a entenderlo todo.

Todas estas teorías y puntos de vista que se encuentran en el exterior acerca del amor, hacen que se le atribuyan ideas y conceptos que nada tienen que ver con su esencia, porque se buscan desesperadamente y eso logra el efecto contrario al que uno quiere: alejarlo irremediablemente del amor verdadero.

Por eso, es necesario comprender que la naturaleza del amor sólo la puede encontrar en sus propio interior, que siga ideales propios y no de otros, que identifique el concepto del amor que más le hace feliz.

Muy pocos logran esa relación congruente entre sus ideales y la forma en la que viven, la mayoría se empeña en seguir conceptos del amor artificiales que han aprendido del exterior y eso les hace adquirir presiones autoimpuestas para encontrar el amor de su vida. Eligen relaciones amorosas empujadas por otras necesidades interiores que de manera equívoca son atribuidas al amor.

PRESIONES AUTOIMPUESTAS PARA ELEGIR EL AMOR

La soledad

Como ya lo he planteado, el sentimiento de soledad influye para que una persona se precipite a encontrar el amor, buscando cubrir el vacío emocional a través de otra persona. En el capítulo de "Soledad", explico cuál es la percepción más común de este sentimiento y cómo interfiere en las decisiones para elegir parejas amorosas.

La edad

La presión de la edad sitúa emocionalmente a algunas personas al borde de un precipicio, particularmente a las mujeres, cuando sienten que su edad no va acorde con el estatus social establecido o cuando saben que su etapa reproductiva tiene vigencia y no han cumplido metas como la maternidad. Ambas presiones pueden ser decisivas para elegir una relación sentimental y utilizarla ésta para el cumplimiento de metas personales o para encajar dentro de un modelo social aprendido.

La sociedad moderna ha evolucionado de tal manera que los modelos de éxito personal no se asocian enteramente con la paternidad, maternidad y el matrimonio; ahora se buscan además otras realizaciones en lo profesional, económico y espiritual. Esto nos libera de mucha presión, pero aunque cada vez es menos fuerte la intimidación de la edad, todavía existen muchas mujeres que eligen pareja empujadas por su reloj biológico y no por el amor mismo.

Estatus social

Para algunas personas, la soltería representa desventajas personales. Hombres, pero mujeres en su mayoría, creen que la soltería implica una condición que los hace ser diferentes y la asumen como una pérdida de oportunidades en su vida. La meta de encajar dentro de un modelo social determinado impulsa a muchos a elegir una relación amorosa con quien represente esas expectativas. Hay incluso quienes eligen a su pareja con determinada profesión u ocupación porque les generan admiración o respeto; también, otras personas buscan relacionarse con quien tenga un estilo de vida que asumen como aspiracional.

Interés económico

En la mayoría de las personas, predomina la necesidad de relacionarse sentimentalmente con alguien que tenga poder económico. El interés económico tiene relevancia para muchos que basan sus decisiones amorosas en quien cumpla con sus necesidades materiales y lo sobrevaluan en función del amor. Sustituyen el amor por la relativa seguridad económica y basan sus elecciones amorosas en función de su prioridad.

Estas presiones responden a creencias muy particulares y ejercen gran influencia para elegir una pareja sentimental, lo cual no representa necesariamente un error, siempre y cuando los motivos por los que haya elegido una relación amorosa, cumplan con las expectativas que tiene, sean acordes con sus valores y le proporcionen bienestar y tranquilidad emocional.

En todo caso será un error cuando sienta que los motivos por los que eligió una relación sentimental no cumplen con lo que usted necesita para ser feliz. Cuando esto ocurra, es tiempo de revalorar el concepto de amor que ha adoptado, las prioridades que tiene y si éstas representan el valor que les ha dado.

Si cree haber caído en un error, acepte que sus expectativas lo llevaron a crear falsas ilusiones y modifique su actitud. Cuando sea honesto y actúe en función de sus necesidades, le será más fácil encontrar lo que espera.

EL AMOR PUEDE CONFUNDIRSE CON:

Pasión

La pasión es embriagadora. Estimula, eleva la autoestima y da lugar a instintos naturales a través del sexo. La pasión tiene el encanto del enamoramiento, por eso se confunde con el amor. Quienes sienten pasión, muchas veces creen estar enamorados; suponen que una relación amorosa es más fuerte y sólida si existe la pasión.

Una relación amorosa indudablemente necesita de la pasión para fortalecerse. Pero el sexo para algunas personas es el requisito principal del amor. Quienes confunden la excitación y el desenfreno con un sentimiento más profundo es posible que se olviden de la retroalimentación espiritual necesaria en una pareja para lograr el equilibrio.

Dependiendo del marco de valores morales y creencias de cada persona, se asumen diferentes posturas con respecto al sexo y al amor: hay quienes asocian necesariamente el amor con el sexo: "si hay sexo es porque existe el amor".

Otras personas tienen la esperanza de encontrar el amor a través del sexo, y se involucran en relaciones superficiales que luego les provocan desilusión y culpa, porque actuaron impulsivamente y al final no encontraron lo que esperaban. En este grupo se encuentran las personas que confunden el sexo con el amor, porque utilizan el sexo como un medio y no como una consecuencia natural del amor.

Existen también quienes no asocian necesariamente el sexo con el amor, lo diferencian entre sí, pero aceptan que ambos pueden coexistir de manera complementaria: "existe el sexo sin amor, y el amor sin sexo; pero también se pueden experimentar ambos".

Independientemente de los valores que usted tenga, lo importante es que actúe con respecto al sexo y al amor de manera congruente con sus principios y creencias personales; eso le evitará lastimarse o arrepentirse de alguna decisión motivada por la ignorancia, el impulso o la culpa.

Actúe solamente en función de sus necesidades y creencias, y compagine ambas para que le proporcionen bienestar emocional.

Amistad

La complicidad y empatía de una relación amistosa implica naturalmente un sentimiento de amor. Pero este vínculo afectivo se confunde algunas veces con el amor de pareja. Los dos sentimientos son profundos pero diferentes entre sí.

La confianza mutua y la seguridad que provoca una sólida amistad puede confundirlo, porque la cercanía y la retroalimentación constante provocan vínculos afectivos que se parecen a los del amor.

En el capítulo de "Amores erróneos, elegidos en soledad", le expongo con más detalle cómo podrá identificar los amores amistosos, así como la manera y las condiciones en que generalmente se desarrollan.

Romanticismo

El cortejo y el enigma del romance resultan tentadores. El romance se cree implícito en el amor porque así se ha planteado durante décadas. Hemos visto y aprendido por diferentes medios, incluso desde la infancia, en historias mágicas con el esperado fin: "y vivieron felices para siempre".

En la edad adulta esperamos exactamente el mismo desenlace en las historias de amor. Estas percepciones contextualizan el romance como un medio para manifestar el interés, el deseo, el respeto, la pasión y el amor hacia la pareja.

Cenas románticas, flores, serenatas, cartas de amor, regalos, paseos o detalles de cortesía entre una pareja conforman el romanticismo. Es una forma establecida de convivencia entre enamorados. Así se nos ha enseñado. Pero esa embriaguez de los sentidos que provoca el romance no siempre desemboca en el amor, propicia muchas veces un enamoramiento del concepto del amor, y no de quien lo vive.

Por supuesto que el romanticismo induce al amor porque es una forma de retroalimentación positiva, pero no es garantía de que exista amor verdadero. Quienes confunden el amor con el romanticismo sostienen continuamente relaciones cortas porque les enamora la idea del cortejo, de lo dulce y extraordinario del principio de una relación, pero cuando la relación avanza y la pareja se conoce de una manera real, dentro de una convivencia diaria, entonces llega el "desenamoramiento".

Estas desilusiones ocurren cuando se tienen ideales románticos muy alejados de la realidad, porque se toman como restricciones del amor aquellos problemas cotidianos o desavenencias comunes y normales entre una pareja.

El romance es positivo, no tiene vigencia y promueve el amor. Foméntelo y utilícelo como una forma de corresponder y enamorar a su pareja, pero no despegue los pies de la tierra, enamórese de la persona que está a su lado, de sus virtudes y de sus errores, porque incluso a través del romanticismo, las deficiencias de una relación también se pueden superar y corregir.

Costumbre

Los apegos emocionales en relaciones muy duraderas pueden desencadenarse en costumbre sin que la pareja sea enteramente consciente de ello. Una relación de amor que no se retroalimenta ni se cuida, que basa su crecimiento en un mismo esquema y hábitos, que no promueve cambios para que la pareja continúe enamorándose y redescubriéndose, puede culminar en la costumbre.

Es posible que una persona no se dé cuenta plenamente de que está involucrada en una relación sentimental por costumbre y no por amor, hasta que surge otra persona en su vida que sirve como detonador externo para ver con claridad sus sentimientos. Por eso la costumbre puede inducir a la infidelidad, sin que ésta se genere siempre por esa condición, es decir, cuando una persona es infiel, no necesariamente es porque vive una relación donde existe la costumbre, puede haber otros factores y desequilibrios entre una pareja que así la propicie.

La costumbre implica fundamentalmente rutina, repetición de hábitos y desinterés. Muchas parejas aceptan y deciden llevar su relación amorosa bajo estas condiciones y continúan juntos; pero otras, antes de modificar el rumbo y replantear el amor, prefieren la evasión como la infidelidad o el desgaste emocional de continuar con una relación no satisfactoria.

Dependiendo de las expectativas y circunstancias muy particulares que tenga en su relación amorosa, valore si usted vive una relación de amor o de costumbre, si es tiempo de terminar, o de tratar de buscar un nuevo acercamiento con su pareja y pueda resurgir el amor.

*Sabías que puedes ser feliz y ahora
la vida te regala el amor... Ya no hay
nada que flote ni se pierda
por la confusión.*

10 *Prepárese*
para el amor

¿Cómo ir hacia una meta si desconoce el camino? Para llegar al amor no se trata de trazar un plan, ni de programar acciones, ni asumir sentimientos que no provengan de su corazón ni de hacer cualquier otra cosa que no parta de su propias creencias; pero es más fácil encontrar el amor y decidir asertivamente si usted ya está preparado para amar y comprender su propia naturaleza: sus dudas, temores, las verdaderas razones de sus sentimientos y las respuestas que ha buscado equívocamente en el exterior, olvidándose de usted mismo y de su vida interior.

Hacer un análisis introspectivo le permitirá tener, como ya lo he planteado, un acercamiento con su propia realidad y sus propias expectativas de vida, así como del concepto del amor que le haga feliz.

Por eso, es importante que entienda sus sentimientos, que valore su relación actual y las pasadas, para saber si éstas responden al concepto del amor que usted ha creído durante su vida, o bien, para decidir si su forma de amar es una muestra a sus propios anhelos y no a los que le han sido impuestos por esquemas ideológicos, en caso de que ellos le hayan impedido tener la satisfacción y bienestar que requiere en el plano emocional y afectivo.

¿Se ha dado cuenta de por qué ha experimentado el sentimiento de soledad y cómo ha influido el mismo para decidir sus relaciones amorosas? ¿Entiende ahora sus creencias y cómo se relacionan éstas con su estado anímico y de salud? ¿Sabe ahora si es realmente el amor y no otras necesidades internas lo que lo ha llevado a involucrarse en su actual relación amorosa o en otras?

Prepararse para el amor es cuando usted se siente dispuesto a compartir, a seguir creciendo y aprendiendo de la vida de una forma individual, pero también compartida.

Olvídese de los ideales de los otros, busque los propios, porque no hay una fórmula mágica, solamente es necesario que conozca sus propios sentimientos, que los entienda y los asuma de una forma positiva.

Esto despejará el camino para que usted elimine poco a poco sus bloqueos emocionales, sus temores a expresarse, y su tendencia a buscar ideales amorosos que no responden ni a sus creencias ni a sus propias expectativas, sino que han sido adoptados y fabricados, bajo el idealismo del amor.

HAGA UN RECUENTO DE SU VIDA AMOROSA

Revisar el pasado no es para quedarse en él ni sufrir por lo que ya no existe. Hacer un recuento de su vida amorosa en forma serena le permitirá detectar qué tipo de relaciones ha sostenido en el pasado y cuál fue su forma de responder hacia ellas.

Es importante valorarlo, porque eso le permitirá en un futuro decidir mejor, no con base en esquemas ni prototipos, ni para adoptar una posición de juez para usted mismo ni para otros, le servirá principalmente para no repetir los mismos patrones equivocados.

Ejemplifico: si usted experimentó un amor violento, en donde había abuso o alguna situación dañina por parte de su pareja hacia usted, entonces trate de evitar en lo posible y en el futuro, relacionarse con una persona que presente aspectos violentos o dominantes, porque esto le va a llevar a experimentar el mismo tipo de relación, pero con otra persona.

Hay quienes se preguntan ¿por qué tengo la mala suerte de atraer a personas con las mismas características? ¡Siempre me tocan iguales! o la típica frase: ¡todos son iguales!

Estas ideas son falsas. La respuesta a esta creencia, es que sencillamente usted reacciona ante el amor con los mismos patrones, exactamente igual con una persona que con otra, o busca personas con características parecidas. Es por eso que sus parejas y su comportamiento le pueden parecer similares.

UBIQUE TRIUNFOS

En una relación amorosa, incluso en aquellas que le resultan ahora incomprensibles o dolorosas, siempre existen episodios agradables que recordar, porque en un determinado momento le inspiraron amor, ternura, pasión, deseo, seguridad, protección, o cualquier otro sentimiento que haya experimentado y que lo motivó a tener esa relación.

Es importante que recuerde esos momentos positivos, de tal manera que los ubique como triunfos, independientemente del desenlace de sus relaciones. Traiga a su mente los momentos satisfactorios y hágase los siguientes planteamientos:

- ☞ ¿Qué me gustó de mi pareja?
- ☞ ¿Cuáles momentos me ocasionaron felicidad?
- ☞ ¿Qué actitud tuve ante esos momentos?
- ☞ ¿Qué actitudes tuvo mi pareja que me gustaban?
- ☞ ¿Le expresé a mi pareja cuando su comportamiento me hacía feliz?
- ☞ ¿Correspondí a mi pareja con acciones que le agradaban?

Estas sencillas preguntas lo ubicarán fácilmente en la respuesta que ha tenido ante el amor, porque sabrá en qué momentos estuvo abierto al amor, cuándo supo corresponder, cuándo supo dar y cómo pudo establecer vínculos amorosos positivos.

¡Estas respuestas solamente están en su pasado, entonces indague en él, reaccione ahora y lleve lo valioso para el futuro; decida que lo demás ya no le hará daño y entiérrelo para siempre!

UBIQUE DERROTAS

También puede recordar los episodios dolorosos, no para quedarse en ellos como ya lo sugerí, sino simplemente para que éstos le hagan ver de una manera clara su respuesta ante el amor en momentos difíciles.

El manejo de emociones difíciles como la frustración, la decepción, el enojo o el desencanto, que pueden tener lugar en cualquier relación, nos abre una puerta para conocer más de nosotros mismos y que muchas veces no nos detenemos en reflexionar, atribuimos las derrotas en el amor a la mala suerte o a actitudes de nuestra pareja, sin pensar por un momento, en qué grado nosotros hemos sido responsables.

También, para ubicar derrotas, existen preguntas sencillas que puede responderse, y que le aclararán el panorama de su vida sentimental pasada:

- ¿Por qué se terminó la relación?
- ¿Cuáles momentos me ocasionaron infelicidad?
- ¿Qué actitud tuve ante esos momentos?
- ¿Qué actitudes tuvo mi pareja que me disgustaron?
- ¿Le expresé a mi pareja cuando su comportamiento me hacía infeliz?
- ¿Correspondí con acciones negativas para vengarme o para imponer mi postura?

Sus respuestas le darán a conocer de manera extraordinaria su comportamiento ante el amor: si usted expresó o no sus sentimientos, si le hizo ver a su pareja o no las cualidades o actitudes que le gustaron, si correspondió o no con gestos de amor, o sencillamente si usted estuvo preparado para recibir el amor o no.

LIMPIE SU INTERIOR Y EMPIECE DE CERO

Uno de los principales aspectos que detecté en personas que han vivido relaciones amorosas difíciles, o que han sentido que no han encontrado una relación culminante en sus vidas, es la necesidad de limpiar su interior; empezar de cero y encontrar una relación definitiva en sus vidas, que les proporcione lo que han buscado durante mucho tiempo.

Tuve una relación muy difícil y siento que me dejó cicatrices que no puedo superar, necesito limpiar mis sentimientos, olvidarme de rencores porque sé que me dañan. Me gustaría saber elegir correctamente, aunque no sé cómo hacerlo.

Creo que algo anda mal en mí, me siento incapaz para el amor, mis relaciones fracasan y creo que debo modificar mis actitudes. Estoy dispuesto a empezar de cero y empezar otra vez, pero ahora consciente de mis errores.

La limpieza interior no tiene nada que ver con olvidarse del pasado, porque el ayer es lo que ha forjado su personalidad, sus propios valores ante el amor y todo el esquema de comportamiento que usted trae.

Limpiar, –no lo confunda– no es eliminar, porque el pasado existió y usted forma parte de eso; mejor reemplace por ordenar, acomodar y equilibrar sus sentimientos con respecto a sus experiencias anteriores.

Para limpiar su interior, puede contar con las siguientes armas:

Sea honesto con usted mismo

Si se equivocó en una relación, acepte sus errores. Ubique los triunfos y derrotas y aprenda de ambas experiencias. Con eso confiará más en usted y en sus elecciones posteriores. Aceptar un error implica madurez, olvidarse del ego, pero sobre todo aceptar las equivocaciones, porque nadie es infalible. Tal aceptación implica que usted tiene la necesidad de renovar, transformar o enriquecer sus actitudes en el amor. Si lo hace, su postura en otra relación va a ser más positiva y fructífera.

Perdone

Asumir una actitud de juez lo lastimará más de lo que ya está. Sólo reconozca sus errores y trate de reemplazarlos por actitudes diferentes, que lo lleven por un camino más certero. No se lamente del pasado ni del daño que le pudieron haber causado, sólo aprenda y evite darle vueltas al dolor, que no le hacen más que recordar una y otra vez el pasado de manera absurda, albergándole rencores que después se convierten en poderosos daños a su propia energía, a su salud y en eficaces estorbos para ser feliz.

No se culpe

Las acciones o actitudes que tuvo en el pasado respondieron a determinadas circunstancias que ya tuvieron consecuencias en su vida. No se culpe si el análisis de su relación le resultó doloroso, o si cree

101

que ha sufrido más de lo debido, o si llegó a la conclusión que debió haber actuado de manera diferente en alguna relación.

Muchas de las acciones autodestructivas tienen lugar porque se experimenta la culpa de manera desproporcionada y no se supera. Esos sentimientos de culpa solamente traen desgaste emocional, daño a la autoestima, anclajes emocionales absurdos que lo incitan inconscientemente a volver a sufrir.

Lo que hizo, ya pasó; si no puede cambiar los costos de sus acciones pasadas, entonces deje el pasado emocionalmente atrás. Si hay algo que usted crea que todavía puede resolver, simplemente hágalo. Verá las transformaciones positivas de inmediato, porque desaparecerán los temores para volver a amar.

Crea en el amor y recíbalo

El amor es como un círculo, tan grande y perfecto como usted lo trace, cuya línea tiene un punto de partida y un punto final. Puede renovarse cuantas veces lo desee; permite el reencuentro y unión entre la pareja, respetando la individualidad de cada uno.

Imagine que usted y la pareja que elija comienzan a trazar un círculo de amor. Los dos caminarán en su círculo, ayudándose mutuamente, a veces uno podrá caminar con mayor o menor ritmo que otro, pero siempre en el mismo camino que los hará reencontrarse y reconocerse de nuevo.

Así ocurre en una relación amorosa: a veces el camino del círculo del amor se recorre en pareja, pero otras veces, alguno de los dos puede avanzar más para guiar al otro o fortalecerlo. Independientemente de los tropiezos, altibajos o circunstancias difíciles que existan en una relación, el círculo del amor los hará reencontrarse una y otra vez. Eso los renovará y evolucionarán juntos en las diferentes etapas de la vida.

Aunque algunos crean que no hay relación perfecta, las desventuras, los tropiezos en el camino o las subidas y bajadas de cualquier relación, también pueden forjar un camino hermoso, siempre y cuando la pareja sepa superar esas etapas con apoyo mutuo, respetando y entendiendo el ritmo de cada uno, pero caminando sobre la misma esfera del amor.

Cuando vuelva a creer en el amor, iniciará un nuevo capítulo en su vida. Cuídelo y camine a paso seguro con su pareja. Olvídese de expresiones como la siguiente, hecha por una de mis colaboradoras:

"Mi relación pasada me marcó para siempre, no podré encontrar el amor otra vez. Sé perfectamente que me aferro al pasado, pero no puedo evitarlo".

Somos una consecuencia del amor y no hay herida que el tiempo no cure, siempre y cuando esté dispuesto a sanar. Crea en el amor, recuerde que para amar, se necesita ser crédulo, a veces ingenuo, generoso y muchas veces valiente. Todos esos valores no tienen edad ni condición, ni escenario específico. No dude en hacerlo, si su alma lo necesita.

*¡Soledad... por fin te vas! Estuviste
hondamente en mis silencios pero
ahora te vas junto con el suspiro
del desconcierto. Ayer necesité de ti,
pero hoy le digo adiós al reflejo
del cruel desespero.*

11 Cómo distinguir al amor
verdadero

El amor verdadero no tiene rostro ni color, tampoco nacionalidad, no pertenece a ningún esquema social y no tiene un prototipo específico.

Para encontrarlo, deje de fabricar historias fantasiosas acerca de él. Lo que ha escuchado, visto y aprendido acerca del amor no debe asumirlo siempre como real, porque su realidad es diferente a la de todos; por tanto, sus sentimientos y la forma de percibir el entorno, también.

Todas esas ideas preconcebidas acerca del amor, en donde aprendió que un determinado tipo de hombre o mujer sería el más indicado para usted, el más idóneo, el que mejor le conviene y otras idealizaciones absurdas, sólo hacen que usted busque o tenga un "retrato del amor" y no el amor mismo.

No se ocupe en encontrar una historia mágica y fantasiosa de amor eterno, solamente disfrute, conozca y realice las manifestaciones diarias del amor que se presentan en aspectos sencillos y cotidianos de la vida. Y éstas las puede encontrar en las personas que menos se imagina.

Al amor no le adjudique prejuicios, porque lo hace opuesto a su espíritu y justamente de ahí mismo proviene.

Si desea encontrar el amor verdadero, no se apresure, no base sus elecciones en la angustia de quedarse solo, dése tiempo para conocer a la persona indicada; equilibre primero su alma, sea generoso con usted mismo para que su energía se estabilice y se prepare para el amor.

107

Permítase recibir sólo a quien le inspire admiración, pasión, generosidad, compasión y otros sentimientos que logren que usted sea mejor persona de lo que ya es.

El amor verdadero surge cuando dos almas están dispuestas a complementarse, a enriquecerse y a basar una relación de entrega mutua. En pocas palabras: cuando dos corazones estén dispuestos a dar.

EL TIEMPO TRANSFORMA AL AMOR

Cuando pensamos en el amor, traemos a nuestra mente historias fantásticas con un inicio y un final feliz; nos imaginamos que el amor de pareja debe de ser eterno, incondicional y apasionante siempre, que nos acompañe en el camino que hemos elegido en la vida y que no se vaya nunca.

Pero esos ideales no siempre se asemejan a nuestra propia realidad, y por diversas circunstancias, vemos que el amor cambia y se transforma con el paso del tiempo.

A medida que el amor transcurre en nuestra vida, percibimos que nuestra relación no es la misma que cuando inició. En algunas ocasiones vemos con satisfacción y felicidad que el amor que vivimos es el ideal, porque es maduro, generoso y nos ha proporcionado estabilidad emocional, pero otras, sufrimos cuando sentimos que con los años, nuestro amor se ha debilitado, diluido o simplemente acabado en un esquema de dolor.

Es importante que entienda que el amor también evoluciona con el tiempo y que también tiene problemas. Que los altibajos o cambios de cualquier relación no implican que el amor se haya ido. Mucha gente no entiende su proceso evolutivo y se desilusiona porque su relación no tiene la misma pasión o emoción de los primeros años.

Es fundamental que entienda su propio ritmo, que no se descontrole y que acepte que nada es estático ni estable, y el amor tampoco. En él existe un proceso evolutivo en lo emocional, físico, sexual y sentimental, permitiendo los cambios, diferencias y manifestaciones de amor de la pareja.

Las personas evolucionamos con el tiempo, y el amor también. En este mundo de cambios, tenemos que incorporar nuevos esquemas y formas de ejercer el amor para nutrirlo y llenarlo de nuevos impulsos, a enamorarnos de nuestra pareja constantemente y aprender de nuevos

COMO DISTINGUIR EL AMOR VERDADERO

comportamientos que nos ayuden a ser mejores personas, y por añadidura a saber compartirlo. Estas herramientas, únicamente responderán a un acuerdo mutuo entre la pareja, que tenga que ver con un ritmo propio, alimentado con detalles, gestos, características y comportamientos que los hagan felices. Recuerde que las prioridades para ser feliz, las determina usted y las comparte con su pareja, y ésta, a su vez recibe el estímulo y corresponde en un vínculo de comunicación permanente y evolutiva.

EL AMOR IDEAL

El amor ideal lo identificará plenamente cuando conozca su interior y permita que su corazón lo reconozca. Sin trampas, espejismos o presiones que con anterioridad le hicieron confundirse y precipitarse.

Cuando experimente el verdadero amor, su propio interior le avisará: se sentirá en plenitud, en libertad, en gozo y con la absoluta disposición de dar lo mejor de sí mismo. Se sentirá libre de expresarse, cómodo con ser quien es y dispuesto a dar lo mejor de usted.

El amor ideal ocurre cuando una pareja simplemente es feliz y ambos se sienten cómodos y orgullosos uno del otro, sin perder cada uno su individualidad, sus intereses, y donde las expectativas de uno siguen siendo importantes para el otro.

El amor ideal, permite que cada uno se muestre tal cual es, en momentos felices o adversos, donde las costumbres y modos de amar se aceptan recíprocamente y donde la idea del amor ha sido complementada y enriquecida con la del otro.

El amor ideal, es cómplice, tiene espacio para cubrir las necesidades de la pareja, y existe un equilibrio en el aspecto emocional, sexual y espiritual, donde el crecimiento de uno fortalece el desarrollo del otro.

El amor ideal responderá a sus propias expectativas de felicidad y no a los modelos aprendidos del exterior, que si bien forman parte de su aprendizaje, no lo asumirá como "traje a la medida". Lo mejor es diseñarse uno que le acomode según sus propias experiencias y con los ideales que usted elija.

El amor ideal tendrá lugar cuando venza los temores. Amar no es ningún sacrificio ni el mecanismo para ser aceptado, insertarse o convivir en un núcleo social. Amar no significan ataduras, ni prejuicios ni anclas emocionales dolorosas que le impidan avanzar en la meta y proyecto de su vida. Recuerde que la valía personal parte de usted mismo, no de la compañía que tenga.

El amor ideal es con usted mismo. Si desea compartirlo, la mejor manera de experimentarlo es cuando usted supere una etapa dolorosa y jamás vuelva a sentirse solo.

Crónicas
desesperadas

*Te has apartado de ti. Por eso estás
cansado de tu comportamiento.
No sabes si lo que haces responde
a tu alma o a tu conciencia, entonces
te entran las ansias, la tristeza
y el desespero.*

*Quieres regresar y empezar otra
vez pero no puedes. Buscas las ganas
y te olvidas del anhelo.*

I

Soy infiel a mi mujer. Confesarlo no es cinismo ni falto de hombría. Tengo vacíos que se nutren de impulsos que no puedo dominar y que, al final, me hacen sentir culpable, con dudas y arrepentimientos. Por eso me siento enfermo; sé que la falsedad en la que vivo debe estar pudriendo entraña por entraña mi alma, y seguramente después lo hará con mi cuerpo.

La felicidad que reflejo no se parece en nada a la tristeza con la que vivo. Trato de disfrutar la vida cada minuto en desafíos de faldas, en desvelos placenteros y en culpas tardías. Pero esas culpas no siempre se curan; porque busco distraer mis propios huecos con la alegría momentánea, con el ego enaltecido, con la adrenalina de las citas clandestinas y buscando el amor que no he tenido.

Por absurdo que parezca, no sé si amo a mi esposa. Me uní a ella por cumplir con su embarazo y con lo establecido. No me arrepiento de haberlo hecho, porque fui educado para responder por mis actos, pero he tenido ganas de huir... De encontrar a quien me espere con las mismas ansias que las mías y con el deseo de un amor sin fin.

Tengo cuarenta y dos años. No soy tan joven, pero tampoco un viejo que tendrá que conformarse con una existencia a medias como la mía: mentirosa, falsa y por lo mismo, solitaria. Cuando me doy cuenta de mis actos, me da por sentir esta tristeza, este hartazgo que alcanzo a tocar muy dentro de mí y que me acerca al desespero, a una ansiedad que no se parece a otra cosa que a la miserable soledad.

Me pregunto ¿por qué tantas veces siento que algo me falta para ser feliz si en apariencia lo tengo todo? ¿Por qué aún creo que me falta vivir un acontecimiento extraordinario que me acerque a conocer el verdadero amor de mi vida? ¿Por qué hay esta necesidad en mí de la que no alcanzo a comprender su naturaleza?

¿Será que la vida no ha saldado una cuenta conmigo? ¿O sólo soy un estúpido iluso que no sé amar ni que le amen?

He decidido acudir a terapias psicológicas para que me ayuden a buscar las respuestas que necesito, ansío fervientemente quitarme el hastío que siento de mi vida. Necesito saber si soy un enfermo obsesivo, un ególatra empedernido, o simplemente me falta encontrar el verdadero amor.

Tu soledad es insalvable. Has flotado
en la nada durante años y el hueco
que tienes en el alma no lo vas a poder
rellenar jamás, porque el corazón
no se cura teniendo culpas ni miedos
¡y la valentía por sí sola tampoco
lo llena!

II

Sumida en este sillón me doy cuenta de que me encuentro frente a la misma rutina de hace años. Con lágrimas, le pido a Dios cada noche que me quite este horrible silencio, que el dolor que habita en mí se quebrante y se aleje para siempre, pero no me lo ha concedido. La casa tiene ese olor que encuentra uno nada más en el abandono, por eso sabe amargo respirar...

Siento más densa la noche cuando la oscuridad me avisa que está vacía de compañía, de alientos que se unen, de suspiros que pudieran ser los míos y los de otro hombre, pero que aquí ya no existen, se fueron desde que mi esposo murió; lloro, pero no por su pérdida, ya me resigné. He guardado sus recuerdos muy adentro de mí porque decidí no desgastar más un amor, que algún día tendrá que unirse otra vez más allá de la muerte.

Mis lágrimas son porque extraño el amor de un hombre, el sexo y el desenfreno de la pasión. Están por destruirme el hastío y el desespero. He querido besar y abrazar otra vez, estrujar al amor sin freno, pero mi realidad me lo impide, porque la tristeza y los años encima me han hecho cambiar: he dejado que mi cuerpo engorde; he comido por aburrimiento, por soledad, y últimamente hasta por lástima, porque sé que por la figura que tengo nadie se fijaría en mí.

Por eso, cuando mi cuerpo me empuja a las ganas, me duele saberme gorda, me llena de vergüenza y trato de apagar esa fuerza con otros pensamientos, pero éstos me traicionan y continúan insistentes cada noche, a veces cada instante... Me dicen que yo sigo siendo mujer y que prefiero las caricias de un hombre, al efímero y vacío placer que me proporcionan los artículos que compro en la tiendas de sexo.

La primera vez que fui a una tienda de ésas, me llene de vergüenza, pensé que era pecaminoso, raro, solitario y hasta ridículo por mi edad, pero luego me llene de valentía por satisfacer el deseo y también para aprender lo no aprendido.

En esos ratos apasionados pero solitarios, la soledad cala más hondo, porque pretende que el desahogo satisfecho me robe mis sueños, en los que yo me dibujo al lado de un hombre en la cama, en mis risas, en mis noches y en las mañanas que saben a esperanza. En esos sueños yo soy feliz, soy libre porque no tengo culpas, miedos ni deseos reprimidos. En esa vida imaginaria yo le hago caso a mis deseos y grito dichosa porque tengo un nuevo amor.

Esta noche, imploro con más fuerza que nunca que pronto ese sueño se cumpla y que mi realidad cambie, que me aleje de esta terrible soledad en la que vivo y me hiere, y que me recuerda a cada paso que el tiempo y la vida se van....

Tu soledad te empujó al desamor
y a la confusión. No sabes si fue
tu orgullo herido, el desengaño
o el amor que nunca tuviste
a su lado lo que más te dolió.

III

Fui a enjuagarme la cara, la sentía pegajosa y dolorida, levanté el rostro frente al espejo y vi que las marcas de sus uñas habían dejado huella en mis mejillas. Chorreando sangre y con los ojos húmedos, descubrí que mi imagen me reflejaba incrédulo, asustado y avergonzado ¡Hasta dónde había llegado su desespero y su furia en contra mía! Me agredió como si tuviera derecho para hacerlo, como si mi poca voluntad le hubiera dado permiso para lastimarme por fuera y por dentro.

Regresé a la habitación contigua con pasos lentos e inseguros, temía enfrentarme otra vez a ella. Solté la toalla con la que antes me había limpiado y arrojándola fuerte al piso, quise avisarle que había recuperado mi control, confianza y orgullo de hombre, pero no pude... Al verla recordé cuando me había sujetado por el rostro, arañándome y gritándome: "¡Ya me tienes harta!".

Me acerqué a ella anhelando que se tranquilizara, puse mis manos hacia atrás y le dije: "Quiero que veas que yo no te estoy agrediendo, quiero hablar y arreglarlo todo. ¡Yo sólo quiero estar junto a ti! ¡Entiende que me siento solo!".

Su respuesta fue un largo suspiro con un quejido más furioso. Volvió a acercarse a mí, pero esta vez puso su cara frente a la mía y con un gesto desorbitado y cruel me dijo: "Eso no me importa. ¡Quiero que te vayas!".

Me hundí derrotado en la orilla de la cama, preguntándome cómo tendría que actuar ante esa humillación y cómo hacer entender a mi esposa que la necesitaba desesperadamente, que la amaba y que no quería vivir sin ella.

Obligado por mi propia vergüenza, tuve que irme... Desde entonces vivo sin ella y vivo sin mí, buscando encontrarme a veces en el alcohol, en compañías desconocidas y en una nueva relación que no me hace feliz.

Hoy estoy confuso... Me siento utilizado y derrotado por ella. Espero reconocer un día, si fue mi orgullo herido, la ruina económica y moral en la que ella me dejo, o ¡el amor que nunca tuve a su lado, lo que más me dolió!

Has reído pero quieres llorar,
la vida perfecta que muestras
no es la misma que la tuya. Es una
mentira que mantienes para buscar
un alma llena de ti, de él y de todo
lo que te enseñaron a amar Aunque
quisieras gritar, mejor callas
por temor a caer y a defraudar.

IV

Vivo un matrimonio feliz. Tengo un esposo, un hijo, una casa que me gusta y hasta una mascota. Me habían dicho que eso era la felicidad anhelada y que pocos la tienen, ¡por eso soy afortunada! Me dedico al jardín, a cuidar de mi familia, a ser buena vecina y anfitriona cuando debo serlo. Soy entonces una buena esposa y me siento orgullosa.

Mis días transcurren de prisa, a veces me falta tiempo para cuidar, cubrir y vigilar las necesidades de mi esposo y de mi hijo para que todo marche bien, para que nuestra familia siga siendo lo que es: un ejemplo para los demás.

En mi matrimonio, mi esposo y yo resolvemos con calma nuestras diferencias y tratamos de educar a nuestro hijo lo mejor posible. Eso nos ha mantenido unidos casi diez años, ¡todo es casi perfecto! Solamente que…. a veces, cuando llega la noche y el silencio empieza a cubrirnos, empiezo a sentir que mis fuerzas se debilitan, que mi voz no se escucha y que mis deseos se han ido a otro lugar que desconozco. La ausencia de él hace mi cama fría. Por eso no puedo dormir, por más que intento arroparme, no consigo dominar mi temblor, ni el ruido intenso de mi respiración. Agitada y desesperada pienso en salir a buscar a mi esposo que duerme en otra habitación, para pedirle que me acompañe, pero temo molestarlo.

Él me ha dicho que es mejor dormir separados, que con el tiempo las ideas románticas en un matrimonio ya no funcionan y que esas

127

son cosas del pasado. Aún así me levanto a buscarlo, recorro el pasillo pensando el pretexto perfecto para poder acurrucarme junto a él y dormirme en su abrazo... Abro la puerta con cuidado, llego a la cama y me acomodo junto a él, con un abrazo tímido recorro su cintura y me recargo en su espalda.

—¿Qué pasó? —me dice en tono seco e impaciente.
—Nada —le contesto—, extraño abrazarte.

Ya no responde, nos quedamos en silencio, con mi mano encima de su cuerpo sin que responda a mi caricia. Después de un rato se mueve, cambia de posición a donde ya mi abrazo no lo alcanza.

—Tengo sueño y estoy cansado —dice.

Esa noche dormí junto a él, pero también con su rechazo.

Hoy, me duele la ausencia de nuestras conversaciones, las risas y caricias que un día compartimos. Me pregunto si los años en un matrimonio deben traer consigo la soledad, la lejanía y la indiferencia en la que yo vivo.

Me pregunto si mi realidad se parece a la de otros, y si a ellos también les duele hondamente el silencio...

*La soledad te traicionó. Buscas amor
en quien no lo hay, en quien prefiere
lejanía a la torpe ansiedad
de tu desespero.*

V

Mi soledad y yo decidimos hacernos cómplices. Quise apartarme de sus garras apostándole todo al amor y a poder cerrar las heridas de la aridez, del aburrimiento y las lágrimas, pero al final me traicionó.

Un viejo amor apareció otra vez en mi vida, de pronto, en un encuentro casual de media tarde, cuando la soledad me había robado la ilusión en mi despertar, en mi rutina y en las noches que buscaban un sueño que no llegaba.

Me encontré con él después de muchos años en los que de adolescentes nos habíamos hecho novios; en aquel tiempo tuvimos un amor sin prisas, sin presiones y sin falsas expectativas, por eso nuestro rompimiento fue sin dolor y sin tormentos para ninguno. Con el tiempo él recorrió un camino y yo otro; me enamoré algunas veces y él también.

Al ver a mi viejo amor, lo vi cambiado por los años transcurridos, pero me gusto más que nunca. Recordé sus besos ingenuos y tímidos de adolescente y quise descubrir los del hombre maduro que tenía enfrente. Le pedí vernos otro día para saber qué había sido de nuestras vidas. Aceptó, pero dijo que estaba nostálgico extrañando hasta España a su actual amor. No me importó saberlo enamorado, me decidí precipitadamente a tenerlo y esta vez para siempre.

Al llegar la fecha convenida, después de pasar horas frente al espejo para verme atractiva, salí a nuestro encuentro. Traía encima perfume de más y sentimientos amontonados: me sentía dichosa, esperanzada y dispuesta a confesarle mi soledad, mi emoción y mis ganas de sentirlo como la adolescencia no lo había permitido. Iba nerviosa, esperaba que no notara que los años ya habían dejado huellas en las líneas de mis ojos y en el grueso de mi cintura.

Entre copas, platicamos sus vivencias y las mías. Estaba sentado frente a mí, sonriente, cortés y con un gesto entretenido, pasaron los minutos y me acerqué, comencé a tocarlo y a recargarme en sus hombros cuando me hacía reír. Su alegría ya no era la misma. Seguía amable, pero empezó a estar distante. Pensé que eran los nervios de la cercanía. Con el transcurrir de la charla lo noté incómodo, sobre todo cuando me acerqué a él, esperando que me diera un beso. No lo hizo, pero mis constantes insinuaciones y sus ganas emergidas por el alcohol por fin hicieron efecto: nos besamos apasionadamente.

Pasamos la noche entre alcohol, besos y caricias, pero no era suficiente para mí, yo quería más; quería tenerlo para olvidar mi dolor, para sentirme querida y deseada y porque necesitaba alejar de mí esta creciente soledad.

Me quedé con las ganas y con las estúpidas preguntas que trataba de resolver en mi mente, mientras él se alejaba. ¿Fueron mis kilos de más? ¿Sus temores? ¿Mi prisa? ¿Qué fue lo que le impidió hacerme el amor?

Trataba de juntar rápidamente el rompecabezas de mi mente mientras él iba al baño. Regresó tratando de sonreír, pero sus ojos reflejaban distancia. Al verme desvió su mirada y no pude aguantarme más. Le dije que necesitaba de él y de su amor para sentirme mujer; le pedí continuar aquel noviazgo ingenuo de adolescentes y prometí reemplazarlo por uno maduro, apasionante y dichoso. No le gustó, creo que hasta se asustó, pero me pidió tiempo para pensarlo y quise dárselo.

Desde ese día me dediqué a convencerlo y continuar con mi búsqueda desenfrenada hacia el amor: fingía encontrármelo, lo llamaba por teléfono, le daba regalos, le hacía cenas, pero nada funcionó. Después de varios encuentros tibios, amables pero distantes, él me dijo que no podía más, que no podía amarme, que extrañaba a su novia y que esperaba el reencuentro con ella.

Me derrumbé, sentí frío hasta en los huesos y supe que ya era una desamparada del amor. Al final, la soledad me traicionó. No supe luchar para librarme de ella. Me engañó. Solamente me consoló algunas veces, me utilizó con ilusiones pasajeras para confundirme y regresar a mí con más fuerza que nunca.

Ahora intento decirle a mi conciencia que nunca fue amor, únicamente fue mi obsesión por ser feliz.

Te duele el alma, la sientes incompleta y débil. Tú misma la has roto para poner un pedazo de ella en su maleta y recordarle que debe volver. Que debe regresártela junto a las ilusiones que te robó.

VI

Quiso dejarme. Ya tenía tiempo yendo y viniendo, con ocupaciones, con imprevistos, con citas de trabajo inesperadas que nunca tuvo antes, pero que desde hace tres meses disfrazaban sus citas con ella. Todo ese tiempo lo vi raro, evasivo y dolorosamente contento; se le escapaban sonrisas de pronto...

Lo supe porque me lo dijo sin remordimiento: pienso en otra mujer, perdóname. Me lo dijo de pronto, sin más, sin prepararme para nada. Me sorprendió que lo dijera a pesar de que mi corazón ya lo sabía; lo intuí desde que empezó a llegar de madrugada y se dormía sin que le estorbaran mis reproches mudos, esos que yo le hacía con la mirada, tratando de saber porqué otra vez había llegado casi al amanecer.

Después de su confesión me levanté de la silla, a gritos le pregunté por qué, con llanto, aventándolo todo, con una agresividad como nunca, pero contenida desde hace meses. Me miró sorprendido y hasta temeroso, trató de remediar las cosas diciéndome que no era algo importante, pero estaba confundido.

Me fui herida, indignada, esperando que me pidiera perdón. No le hablé hasta dos semanas después, creyendo que mi silencio y lejanía lo harían volver. Nunca fue así. Lo supe cuando empezó a hacer su maleta mientras se justificaba con reproches, diciéndome que yo no había intentado salvar la relación y que no podía vivir más con una mujer quejosa, celosa y hasta inmadura.

¿Inmadura? Sí, eso dijo. Inmadura por no tratar de retenerlo, de reconquistarlo y de salvar un matrimonio que hoy ya está perdido.

Mi silencio sostenido por el orgullo durante días se derrumbó. Ahora yo quería saberlo todo antes de que se fuera. ¿Quién era ella? ¿Qué lo había conquistado de esa mujer? ¿Cuándo y dónde hacían el amor? Se lo pregunté a gritos, deteniéndolo por los hombros y suplicándole desgarradoramente que no me dejara. Levantó su mirada, no supe si en señal de triunfo o motivado por el estúpido orgullo viril que dicen, se tiene a los cuarenta.

—¿Cómo preguntas eso? —dijo—. Déjalo así ya. No me voy por ella, me voy porque no puedo vivir contigo, prefiero que nos separemos en paz, vamos a darnos tiempo y a ver qué pasa.

Lo dijo como si el "a ver qué pasa" me lastimase menos, como si el desprecio declarado que me hacía esa noche no fuera suficiente para sentirme acabada y derrotada como mujer. No le importó.

Continuó presuroso arreglando sus cosas en la maleta, cerré la puerta y caí al suelo llorando desesperadamente, queriendo sellar los muros de la habitación para no dejarlo partir. Me miró por primera vez con compasión.

—Vamos a ver que pasa después, no te pongas así, dame tiempo —insistió.

De pronto comprendí que mi orgullo también estaba en el suelo, suplicando por un amor que no tenía para mí y que finalmente él no se merecía por su traición. Me levanté tratando de enmendar mi dignidad.

—Quiero que te vayas ahora mismo y para siempre—le dije.

Salió rápido y sin titubear. Nunca vi en su mirada llanto, un gesto de arrepentimiento y mucho menos de amor.

Aunque mi conciencia me diga otra cosa, de todas maneras yo espero. Quiero comenzar otra vez y perdonarlo todo. Lo elegí como el amor de mi vida y espero serlo yo también para él.

No permitiré que nuestra vida de cinco años juntos se desvanezca por una, diez o cien noches que ha pasado con otra mujer. El tiempo no importa. Fortalezco mis recuerdos todos los días, esperando que éstos, un día lo hagan volver.

Tu mirada te distrae cuando
en el espejo ves los golpes que
te roba tu interior, cuando sientes
que te dañan y no te dejan llegar
al fondo de ti. Pero si ves más allá...
descubrirás el fondo de todo,
lo que tú eres y en lo que
tu alma sueña.

VII

Su grito me despertó. Angustiada, me di vuelta para ver el reloj y observé que estaba retrasada más de quince minutos de la hora en la que acostumbro hacer el desayuno. Con un salto quise levantarme de la cama, pero un agudo dolor en la pierna izquierda, luego en la espalda y en la nuca me lo impidieron. Alcancé a ver las manchas rojizas y moradas en mi cuerpo. Supe que los besos con los que anoche trataba de cubrir sus golpes, no habían podido borrar estas huellas, más profundas y visibles que otras veces.

Aún así me levanté angustiada y presurosa. Tragué en seco por el nudo de mi garganta y con movimientos torpes me puse la bata, bajé las escaleras con ese palpitar intenso y hueco que solamente provoca el miedo. Temía que mi retraso lo hiciera cargarse otra vez de ese brillo penetrante que tenía en sus ojos cada vez que me golpeaba... Lo hacía mientras me repetía una y otra vez que no quería hacerlo, pero que yo lo obligaba a lastimarme.

Al llegar a él lo vi sentado frente a la chimenea, contrastando su impecable camisa blanca con las manchas de sangre que apenas había visto en mis sábanas. Al sentir mis pasos, bajó el periódico de sus manos y soltó una carcajada. "¡Pero si no te voy a hacer nada! Hasta parece de veras que soy un ogro. Ya te dije que me duele mucho pegarte, pero a veces no me dejas otro remedio. Ven, no quiero que te asustes, te levanté de la cama porque me urge el desayuno, antes quiero decirte que estoy arrepentido, pero necesito que no me des motivos y que las cosas vuelvan a ser como antes, ¿ok?".

No contesté. Sus palabras sonaban huecas, repetitivas, indolentes y perversas. Ya las había oído antes ¿Cómo decirle que no le creía? ¿Cómo explicarle que me aterraba vivir con un enfermo que anoche me había golpeado y pretendía después hacerme el amor? ¿Cómo gritar y escapar de un hombre que ya había consumido toda mi voluntad? Que ni siquiera me estaba dejando fuerzas para defender mi pobre dignidad.

Levanté el rostro y no pude más. Lloré y puse mis manos en la cara derrumbándome frente a él; me tiré al piso con ganas de hundirme y escapar de ahí para siempre. Entonces oí un suspiro hondo y ronco, después un portazo que resonó por fortuna en mi conciencia.

Me levanté a preparar mi huida. Las manchas de sangre en mi cama me dieron valentía, me recordaron cómo me había golpeado por no encontrarme en casa cuando él llegó de trabajar; tenía dos años casada, y casi el mismo tiempo de ser una mujer maltratada y humillada.

Recogí algunas cuantas cosas, me vestí y me maquillé de prisa tratando de esconder las huellas de sus golpes, decidida a no volver a sufrir por amor.

Hoy intento recoger a pedazos la esperanza, la fe y el amor que en mí había perdido. Ha pasado casi un año desde mi huida; aún me siento débil, pero también confiada porque el presente es mejor sin él, y el futuro lo imagino mejor. Soy dichosa por haberme reencontrado con Dios, me da tranquilidad saberme a salvo, me refugio en mi familia y en la convicción de que nunca más aceptaré otra cosa que no sea el verdadero amor.

Siempre he tenido mala memoria,
vivo el presente y no recurro
a recuerdos, sobre todo a los que
me hacen daño, pero hoy no consigo
olvidar. Me traigo cada noche
los últimos besos que me diste,
los dejo junto a mi almohada
como si ellos me fueran a traer
tu respiración encima de la mía.

Sé que algún día tendrás que oír
mi desespero por la fuerza que tiene.
Espero entonces que vengas a mí,
ansiando lo mismo que yo ansío.

La publicación de esta obra la realizó
Editorial Trillas, S. A. de C. V.

División Administrativa, Av. Río Churubusco 385,
Col. Gral. Pedro María Anaya, C. P. 03340, México, D. F.
Tel. 56884233, FAX 56041364

División Logística, Calzada de la Viga 1132, C. P. 09439
México, D. F. Tel. 56330995, FAX 56330870

Esta obra se imprimió
el 21 de enero de 2014, en los talleres de
Encuadernaciones Maguntis, S. A. de C. V.

B 105 TW ◎